HEGEL

COLEÇÃO
FIGURAS DO SABER

dirigida por
Richard Zrehen

Títulos publicados
1. *Kierkegaard*, de Charles Le Blanc
2. *Nietzsche*, de Richard Beardsworth
3. *Deleuze*, de Alberto Gualandi
4. *Maimônides*, de Gérard Haddad
5. *Espinosa*, de André Scala
6. *Foucault*, de Pierre Billouet
7. *Darwin*, de Charles Lenay
8. *Wittgenstein*, de François Schmitz
9. *Kant*, de Denis Thouard
10. *Locke*, de Alexis Tadié
11. *D'Alembert*, de Michel Paty
12. *Hegel*, de Benoît Timmermans

HEGEL
BENOÎT TIMMERMANS

Tradução
Tessa Moura Lacerda

Estação Liberdade

FIGURAS DO SABER

Título original francês: *Hegel*
© Societé d'Édition Les Belles Lettres, 2000
© Editora Estação Liberdade, 2005, para esta tradução

Preparação de texto e revisão Tulio Kawata
Projeto gráfico Edilberto Fernando Verza
Composição Nobuca Rachi
Capa Natanael Longo de Oliveira
Assistência editorial Flavia Moino
Editor responsável Angel Bojadsen

CIP-BRASIL – CATALOGAÇÃO NA FONTE
Sindicato Nacional dos Editores de Livros, RJ

H481h

　　Timmermans, B. (Nenoît)
　　　　Hegel / Benoît Timmermans ; tradução Tessa Moura
Lacerda. — São Paulo : Estação Liberdade, 2005. —
(Figuras do saber ; v. 12)

　　　　Tradução de: Hegel
　　　　Inclui bibliografia
　　　　ISBN 85-7448-102-5

　　　　1. Hegel, Georg Wilhelm Friedrich, 1770-1831.
2. Filosofia alemã. I. Título. II. Série.

05-0169.　　　　　　　　　　　　　　　　CDD 193
　　　　　　　　　　　　　　　　　　　　CDU 1(43)

Todos os direitos reservados à
Editora Estação Liberdade Ltda.
Rua Dona Elisa, 116 01155-030 São Paulo-SP
Tel.: (11) 3661-2881 Fax: (11) 3825-4239
editora@estacaoliberdade.com.br
http://www.estacaoliberdade.com.br

Sumário

Referências cronológicas 9

Introdução 13

1. A lógica 19

2. Da consciência ao espírito 75

3. A arte, a religião e a filosofia 135

Bibliografia 179

Referências cronológicas

1770   Georg Wilhelm Friedrich Hegel nasce em 27 de agosto, em Stuttgart. Seu pai é chefe da chancelaria do ducado. Sua mãe, que morrerá em 1781, deixará nele uma lembrança marcante. Ele tem um irmão mais velho, Georg Ludwig, e logo terá uma irmã caçula, Christiane Louise.
1775   Nascimento de Schelling.
1777-1788 Estudos no Ginásio de Stuttgart. Hegel se forma em clássicos gregos e latinos.
1788   Entrada no Seminário de Tübingen, no qual Hegel segue estudos eclesiásticos até 1793. Ele se aproxima de Friedrich Hölderlin e Friedrich Wilhelm Joseph von Schelling.
1793-1796 Renunciando a ser pastor, encontra um emprego de preceptor em Berna. São dessa época seus *A vida de Jesus* (1795) e *A positividade da religião cristã* (1795-96).
1797-1800 Hegel se muda para Frankfurt, onde continua exercendo a função de preceptor. Escreve, mas não publica, *O espírito do cristianismo e seu destino* (1798-99), *O Estado de Wurtemberg* (1798), *A constituição da Alemanha*

(1799-1802), e o que o próprio Hegel denomina um *Fragmento de sistema* (1800).

1801-1806 Com a morte de seu pai, Hegel recebe dinheiro suficiente para deixar o trabalho de preceptor. Ele se junta a Schelling, na Universidade de Iena, onde ensinará como professor auxiliar. Publica *Diferença entre os sistemas filosóficos de Fichte e de Schelling* (1801) e *Dissertação filosófica inaugural: sobre as órbitas dos planetas* (1801). Edita também, com Schelling, o *Jornal Crítico de Filosofia*, no qual publica cinco ensaios, todos em 1802: *Como o senso comum compreende a filosofia*, *A essência da crítica filosófica*, *A relação do ceticismo com a filosofia*, *Fé e saber* e *Maneiras de tratar cientificamente o direito natural*. De 1801 a 1806 dá um curso intitulado *Lógica e metafísica*, e, de 1803 a 1806, lições sobre a *Filosofia do espírito*. Vale notar também um ensaio não publicado sobre a organização das relações sociais (que será mais tarde chamado de *System der Sittlichkeit* [*Sistema da eticidade*]), datado de 1802-4.

1807 Publicação da *Fenomenologia do espírito*, concebida originalmente como a primeira parte de um *Sistema da ciência*. Nascimento de um filho natural, Ludwig Fischer.

1807-1808 Às voltas com novas preocupações por causa de dinheiro, Hegel segue para Bamberg, onde dirige, durante um ano, a *Gazeta de Bamberg*.

1808 Graças a seu amigo Friedrich Immanuel Niethammer, Hegel é nomeado professor e diretor do Liceu de Nuremberg. Os cursos

	que leciona serão publicados após sua morte sob o título de *Propedêutica filosófica*.
1811	Hegel se casa com Maria von Tucher, com a qual terá dois filhos, Karl e Immanuel. Receberá em sua família também o filho natural Ludwig, mas a relação com este será freqüentemente conturbada.
1812-1816	Publicação de três livros da *Ciência da Lógica* (1812, 1813, 1816).
1813	Nascimento de Kierkegaard.
1816	Nomeado professor de filosofia na Universidade de Heidelberg, Hegel ministra seu primeiro curso inteiramente consagrado à filosofia da arte.
1817	Publicação da primeira edição da *Enciclopédia das ciências filosóficas*.
1818	Hegel sucede Fichte na Universidade de Berlim. Nessa universidade ensinará estética, filosofia da história, filosofia da natureza, filosofia do direito, filosofia da religião e história da filosofia. Nascimento de Marx.
1821	Publicação dos *Princípios da filosofia do direito*.
1822	Além dos cursos que continua lecionando na Universidade de Berlim, Hegel viaja à Renânia e aos Países Baixos.
1827	Publicação da segunda edição da *Enciclopédia das ciências filosóficas*. Hegel segue para Paris, onde visita, sobretudo, o museu do Louvre.
1829	Hegel é nomeado reitor da Universidade de Berlim por um ano. Publica, no *Berliner Jahrbücher Kritik*, vários artigos sobre *Bhagavad-Gita*.

1830   Publicação da terceira edição da *Enciclopédia das ciências filosóficas*.

1831   Hegel critica a "corrupção" da vida política na Inglaterra em uma série de artigos consagrados ao *Reformbill*. A publicação desses artigos é, por fim, proibida por Frederico Guilherme III. Em 14 de novembro, Hegel morre durante uma epidemia de cólera.

Introdução

Hegel é, ao lado de Platão, o mais falsificado, o mais caricaturado de todos os filósofos. A filosofia de Platão é muitas vezes apresentada como um dualismo simplista entre os mundos sensível e inteligível. A filosofia de Hegel se viu reduzida à forma bem conhecida da tríade tese-antítese-síntese. Assim, perdido no limbo de uma antigüidade idealizada, Platão teria acreditado apenas no intelecto, só admitiria uma visão matemática ou ideal das coisas, ao passo que Hegel, testemunha fiel de sua época agitada pelas guerras e revoluções, teria justaposto a tese e a antítese, afirmado tudo e seu contrário, depois reunido o conjunto em uma síntese complicada e até incompreensível. Ele não nos diz que "o que é real é racional"[1] e que, ao mesmo tempo, "nada de grande se faz sem paixão"?[2] Que a liberdade é independência[3], mas também necessidade?[4] Que

---

1. Prefácio dos *Principes de la philosophie du droit*, trad. franc. J.-L. Viellard-Baron, Paris, GF Flammarion, 1999, p. 73. [Ver, na Bibliografia, relação de traduções em português de obras de Hegel.]
2. *La raison dans l'histoire*, trad. franc. K. Papaïannou, Paris, coll. 10/18, 1965, p. 109.
3. *Propédeutique*, trad. franc. M. de Gandillac, Paris, Éditions de Minuit, p. 98 (§ 32).
4. *Science de la logique*, trad. franc. P. J. Labarrière e G. Jarczyk, Paris, Aubier-Montaigne, III, 1981, p. 36.

tudo é história[5], mas que a história é apenas um instrumento a serviço da filosofia?[6]

O objetivo deste livro é, evidentemente, o de mostrar alguns mal-entendidos que estão na origem dessa caricatura. Mas, ao mesmo tempo, nem tudo é falso naquilo que foi dito: em certo sentido, Platão realmente se tornou, aos olhos de muitos, o modelo de uma certa racionalidade "clássica", às vezes considerada como morta; por seu lado, Hegel é tomado como representante de um pensamento mais moderno, fluido, em movimento, um pensamento que não deixa de se dedicar à história e ao curso das coisas, reinventando passo a passo sua própria coerência. Mas o que este livro quer, sobretudo, colocar em evidência é que Hegel estabelece essa fluidez, essa mobilidade do pensamento, sobre princípios extraordinariamente estáveis, noções fixadas de modo preciso, que, ao mesmo tempo, têm de particular o fato de se estenderem bastante além dos domínios da lógica ou das matemáticas. Digamo-lo de uma vez por todas: essas noções não têm nada a ver com a tese, a antítese e a síntese. O princípio motor do pensamento de Hegel, o movimento que ele mesmo chamará de "dialético", é inteiramente diferente. Fazendo essa dialética aparecer com uma luz mais verdadeira, fazendo emergir pouco a pouco sua potência concreta de explicitação do real, será possível estabelecer progressivamente certas ligações, de início com as matemáticas ou a física, em seguida com o desenvolvimento da consciência e do indivíduo, depois com a cultura e a lógica econômica de nossas sociedades, e, enfim, com as diferentes artes e religiões.

---

5. *La raison dans l'histoire*, op. cit., p. 51-2.
6. *Enciclopédia das ciências filosóficas*, § 552.

O importante, nesta viagem, é começar deixando de lado a caricatura que acabou de ser mencionada, a saber, o preconceito segundo o qual o racional e o irracional podem apenas se opor (Platão) ou se misturar num caos inextricável (Hegel). Portanto, vamos restabelecer algumas verdades: Platão, diferentemente do que se pensa às vezes, não separou de modo radical a inteligência e a sensação, os homens que sabem e os que se enganam. Pelo contrário, ele ensinou que o engano e a ignorância consistem na *pretensão de saber*, e que a sabedoria começa com a *reflexão* sobre aquilo com que *nos enganamos*. Hegel nada mais fez que seguir nessa via. Enganar-se faz parte da verdade. Eis algo que, talvez, soe de maneira agradável a nossos ouvidos modernos, particularmente receptivos ao relativo, à diferença, e até à desordem. Mas o fato é que Hegel, mesmo reconhecendo a importância do erro ou da errância, nem por isso derivou para uma filosofia cética ou relativista. Ele tentou, ao contrário, apreender a verdade. Uma verdade que não apenas ultrapassasse a oposição entre a ignorância e o saber, mas também todas as dualidades que habitam desde sempre a história da filosofia: liberdade e determinismo, finito e infinito, ser e nada, sujeito e objeto, etc. Longe de selar ou polir essas oposições, Hegel buscou apreender o *sentido* delas, buscou tocar o que *faz* a contradição, o que constitui sua unidade viva. Para compreender de verdade um processo como esse, seria preciso, sem dúvida, penetrar nas noções principais de sua filosofia: a *dialética*, a *consciência*, a maneira como essa consciência se relaciona à *história* e em que consiste, então, sua verdadeira *liberdade*.

O plano deste livro segue aproximadamente aquele proposto por Hegel quando quis resumir o conjunto de seu sistema na *Enciclopédia das ciências filosóficas* (primeira edição em 1817). Assim, a primeira parte estuda principalmente a *lógica* que, longe de se resumir a um conjunto de preceitos abstratos e fixos, fornece verdadeiramente a chave de todo o sistema. Teremos, então, uma idéia de como Hegel emprega essa chave dando uma rápida olhada, no fim dessa primeira parte, na concepção hegeliana de *natureza*. Depois da *lógica* e da *natureza*, a segunda parte aborda a filosofia do *espírito* pelos seus aspectos mais vivos, a saber, o desenvolvimento da consciência (é a *fenomenologia* em sentido estrito, que pertence ao que Hegel chama de *espírito subjetivo*) e a interação dessa consciência com as realidades culturais, econômicas e políticas (que Hegel chama de *espírito objetivo*). Enfim, a terceira e última parte se dedica às manifestações mais elevadas e tangíveis do desenvolvimento do espírito (*espírito absoluto*), isto é, às formas particulares de arte, religião e filosofia. Esse plano segue, pois, uma determinada ordem que vai do geral ao particular, do abstrato ao concreto, daquilo que o entendimento tende a distinguir ou a opor, rumo ao que a vida tende a misturar ou a unir. A vantagem em se começar pela lógica é oferecer, de início, uma idéia do conjunto do princípio geral da filosofia de Hegel, que é a dialética. O inconveniente é que se perde o movimento vivido, a ordem cronológica pela qual Hegel foi progressivamente levado até a lógica.

Sobre esse movimento vivido direi apenas algumas palavras.[7]

Os cinco anos (1788-93) que Hegel passou estudando essencialmente teologia e filosofia no seminário protestante de Tübingen não o convenceram da pertinência das representações cristãs. Leitor fervoroso da filosofia das Luzes e em particular de Kant, ele acreditava firmemente na possibilidade de realizar *aqui embaixo* a ordem ideal,

---

7. Para mais detalhes, pode-se consultar a excelente biografia de J. D'Hondt, *Hegel*, Paris, Calmann-Levy, 1998 [ed. port.: *Hegel*. Lisboa, Edições 70, 1981].

os valores universais que se impõem naturalmente a nossa razão e a nossa sensibilidade. Ele tinha apenas 19 anos quando a Revolução Francesa eclodiu e, com Hölderlin e Schelling, seus companheiros no seminário, foi tomado de entusiasmo por esse movimento que parecia ressuscitar a ética da pólis grega e até dar novamente vida ao vínculo religioso, reunindo todos os cidadãos em uma sensibilidade e valores comuns. Mas o futuro trouxe logo seu quinhão de desilusões. Enquanto a Revolução se enterra no Terror, Hegel, tendo saído do seminário, vive anos duros como simples preceptor, inicialmente em Berna (1793-96) e, depois, em Frankfurt (1797-1800). Torna-se ainda mais crítico, tanto à religião cristã, que serve objetivamente ao despotismo existente, como em relação à filosofia kantiana, ela também a serviço de um alhures ou de um além (o sujeito universal). Em Frankfurt, Hegel toma claramente consciência da importância da *história* e da *determinação por um outro* em geral: não escolhemos as condições econômicas, sociais, institucionais nas quais evoluímos e, no entanto, elas determinam profundamente nossa maneira de ver ou o espírito dos povos em geral. Nomeado simples professor auxiliar da Universidade de Iena (1801-7), Hegel tenta reunir, sem por isso amalgamar, estas concepções aparentemente opostas que até aqui ele costeou: o saber e a fé, a razão e a história, a aridez do entendimento (Kant, Fichte) e a vitalidade da intuição (Schelling), parecem sempre, entre os filósofos, se opor de maneira irredutível. E, no entanto, a vida não cessa de as conjugar e misturar. Não seria possível, ao estudar a história das culturas e das religiões, ao reconsiderar a metafísica e a lógica clássicas, construir uma filosofia mais próxima da vida, mais próxima do concreto, e que, ao mesmo tempo, tivesse a verdade de uma ciência? Esse projeto resulta na *Fenomenologia do espírito*, que é publicada em 1807. Um ano mais tarde Hegel obtém, finalmente, um posto digno de seu nome: diretor do Liceu de Nuremberg. Ganha tempo, então, para estabelecer os fundamentos de seu sistema e publica, ao longo desse período em Nuremberg (1808-16), os três livros de sua *Ciência da lógica*. Nomeado em seguida professor nas universidades de Heidelberg (1816-18) e Berlim (1818-31), desenvolve sua filosofia em toda sua amplitude com a *Enciclopédia das ciências filosóficas* (primeira edição de 1817), os *Princípios da filosofia do direito* (1821), bem como as lições de estética, de filosofia da natureza, de filosofia da história e de história da filosofia, que serão reunidas e publicadas apenas depois de sua morte em 1831, por seus discípulos.

Como já foi dito, não é a via cronológica que foi escolhida aqui, mas aquela que, por facilitar o acesso à filosofia de Hegel, situa a lógica em primeiro lugar. Isso não quer dizer que o caminho será sempre simples ou rápido. Em particular a primeira parte, dedicada à lógica, poderá parecer às vezes abstrata, árida. Talvez ela chegue mesmo a cansar a paciência do leitor. Que ele se lembre, todavia, que, para Hegel, cada uma das etapas, cada um dos passos a serem dados, não é apenas um *meio* para se chegar ao objetivo, mas também a *realização* mesma desse objetivo. Esse princípio de leitura poderia ser uma regra de vida:

> De um lado é preciso suportar a extensão do caminho, porque cada momento é necessário; de outro, é preciso se deter em cada momento e demorar-se nele, porque em cada um [se encontra] a totalidade.[8]

---

8. *Phénoménologie de l'esprit,* trad. franc. J. Hyppolite, Paris, Aubier, 1941, I, p. 27.

1
A lógica

A maneira pela qual se inicia uma filosofia é freqüentemente esclarecedora. Diferentemente de outras disciplinas, a filosofia não dispõe, de maneira definitiva, de um objeto fixo, seguro, admitido de uma vez por todas. Também seus primeiros passos são os mais perigosos: de um lado, quer-se contar apenas consigo mesmo; de outro, quer-se o apoio de um objeto exterior a título de hipótese. Logo se coloca a questão de saber se o filósofo pode se fundamentar apenas em seu raciocínio, em suas evidências próprias e imediatas, ou se deve admitir para guiá-lo, ao menos provisoriamente, alguns dados, ou mesmo alguns métodos aprendidos alhures. A essa questão, os herdeiros da metafísica clássica respondem cheios de confiança que o ser do pensamento basta: a razão é para si mesma seu próprio fundamento. Não é, de fato, fazendo tábula rasa de todos os saberes, de todas as idéias vindas do exterior, que Descartes, por exemplo, construiu sua própria filosofia? Mas, à confiança de uns, responde a prudência de outros: para os filhos da filosofia crítica de Kant, hoje bem mais numerosos que os metafísicos "clássicos", a filosofia está sempre baseada, admita ela ou não, em alguns dados exteriores: mesmo Descartes, consideram eles, pressupunha determinados conteúdos, determinados métodos ou determinadas leis, e a tarefa crítica da filosofia é justamente a de refletir, de examinar as condições nas quais a razão coloca um objeto ou tenta especular sobre ele.

Do ser ao devir[1]

Hegel se recusa a escolher entre confiança e prudência. O começo de sua filosofia consiste em observar essa tensão, essa alternância, essa circulação que surge precisamente na ocasião de qualquer começo: uns são "fundacionistas", mas logo aparecem os outros, que são "criticistas". Aqueles estão na imediatez, e estes já estão na mediação. Ora o *ser* do pensamento parece não ser um problema, ora o pensamento é apreendido pelo que ele *não é* (como quando se nota que a intuição cartesiana do *cogito não* tem a forma sensível, *nem* a forma de um longo raciocínio, *nem* a de um ensinamento recebido de outro, etc.). Ora, esse balanço do ser ao nada e do nada ao ser, esse adernar entre a imediatez e a mediação, entre a afirmação e a negação, não surge somente quando se medita sobre o problema do começo em filosofia; surge todas as vezes que, acreditando apreender algum objeto, damo-nos conta de que ele está em movimento, em devir, embarcado em algum processo. O que, além de tudo, não vale apenas para os objetos, mas também para os sujeitos, nem somente para a matéria, mas também para o pensamento: os objetos se deslocam, os sujeitos mudam de opinião, a matéria se transforma, o pensamento evolui. Mais que isso, passa-se sem cessar, no enunciado de uma questão, no tratamento de um problema, na execução de um processo, do sujeito ao objeto, da matéria ao

---

1. Os subtítulos em negrito seguem, na medida do possível, o sumário de cada uma das obras que são sucessivamente comentadas: *Ciência da lógica*; *Fenomenologia do espírito*; *Princípios da filosofia do direito*; arte, religião e filosofia na *Enciclopédia das ciências filosóficas*.

pensamento, ou, inversamente, não há objeto observado sem sujeito observador, não há consciência sem cérebro, não há transformação concreta sem relação abstrata, etc. É esse movimento perpétuo de uma coisa a outra, essa passagem incessante de um ser ao que não é, esse processo de diferenciação, de transformação e de realização que interessa Hegel inicialmente. Em um sentido, poder-se-ia dizer que *toda* sua filosofia é uma filosofia do processo ou do devir. Mas é a uma das partes dessa filosofia, à "ciência pura" da *lógica*, que coube estudar esse processo em sua globalidade, em sua potência de passar não só de um ser a outro, mas também do ser ao nada, do sujeito ao objeto e da matéria ao espírito. É preciso, pois, ver que a lógica no sentido de Hegel não se limita apenas ao estudo das *leis formais do pensamento*. Por um lado, por sua atenção a todos os tipos de transformação que tocam os seres, ela toma o lugar da antiga metafísica. É o que Hegel chama o lado da "lógica objetiva". Mas, por outro lado, a lógica hegeliana não pretende fixar as *leis* intangíveis que governam o fluxo das transformações, uma vez que não existe nenhuma lei, nenhum princípio, nenhum ser pretensamente fixo que não esteja, ele mesmo, sujeito à mudança ou sujeito à negação. Por essa atenção à *liberdade* que se exerce em cada transformação (liberdade de negar, de superar, de renovar o que é dado como fixo), a lógica aparecerá pouco a pouco como a *ciência da liberdade*. É isso o que Hegel chama seu lado "subjetivo", mas, adverte, é cedo demais para tirar qualquer conclusão:

> Dado que o subjetivo traz consigo o mal-entendido que faz que se o confunda com o contingente e o arbitrário, e também com as determinações que se relacionam à forma da consciência, não insistimos aqui na diferença entre o subjetivo e o objetivo, a qual será deduzida, pelo

que segue, de maneira mais precisa no interior da própria Lógica.[2]

Contentemo-nos por ora em reter que a lógica, segundo Hegel, é ciência do processo, do devir, da alternância entre o ser e o nada. Isso implica que ela não se interesse pelo pensamento em detrimento da matéria, nem pela matéria em detrimento do pensamento, mas por sua interação. Da mesma maneira, ela não privilegia a forma em detrimento do conteúdo, mas se interessa pela complementaridade desses dois aspectos. Tampouco pretende apreender o absoluto em lugar do relativo, o essencial em lugar do não essencial, o racional em lugar do irracional, e sim busca compreender como essas coisas se misturam entre si, como interferem uma na outra, como explicam uma à outra. Segue-se daí que a lógica não poderia ser separada, cortada do restante da filosofia hegeliana, que ela prepara ou contém anteriormente. Nada de lógica sem ontologia, sem biologia, sem antropologia, fenomenologia, teologia, etc. Segundo o filósofo Alain,

> O que a lógica de Hegel significa é que a lógica não é suficiente.[3]

Poderia ser acrescentado que, embora não seja *suficiente*, a lógica de Hegel é *necessária*. Não é *suficiente*, com efeito, compreender em que consiste a dialética para que surja, diante de nós, a multiplicidade infinita de transformações, novidades, criações possíveis do ser ou

---

2. *Science de la logique*, trad. franc. (modificada) de P.-J. Labarrière e G. Jarcyk, Paris, Aubier-Montaigne, I, 1972, p. 38.
3. *Idées*, coll. 10/18, 1939, p. 257-8. [Ed. bras.: *Idéias: introdução à filosofia*. São Paulo, Martins Fontes, 1993.]

do pensamento; mas, ao mesmo tempo, a dialética dá o ritmo dessas novidades. Ela enumera as etapas que toda criação, toda transformação, segue *necessariamente*, até (e sobretudo) quando essa transformação se cumpre livremente. Para compreender melhor isso e todo o sentido do processo dialético em Hegel é preciso, agora, avançar no detalhe dessa lógica.

Os anos de ensino na Universidade de Iena (1801-7) já haviam levado Hegel a aprofundar a lógica associada a sua filosofia.[4] Mas, como sua reflexão ainda não havia atingido a plena maturidade, farei referência à assim chamada *Lógica de Iena* apenas para mencionar algum ponto importante de evolução.[5] Dois anos após a publicação da *Fenomenologia do espírito* (1807), Hegel oferece a seus alunos do Liceu de Nuremberg um apanhado mais completo de sua lógica, resumida na *Propedêutica filosófica*.[6] Mas é sobretudo a *Ciência da lógica*, escrita e publicada durante sua permanência em Nuremberg (1812-16)[7], que constitui a referência principal, a obra fundamental, chamada também de "grande lógica". Enfim, a primeira parte

---

4. Suas reflexões nos chegaram através de certas notas e propostas de cursos, assim como por seu curso de *Logique et métaphysique, 1804-1805* (trad. franc. D. Souche-Dagues, Paris, Gallimard, 1980).
5. Ver, neste livro, p. 57, nota 36.
6. Publicada pela primeira vez em 1840 por K. Rosenkranz (por Duncker & Humbolt, em Berlim).
7. O primeiro livro, dedicado ao ser, é publicado pela primeira vez em 1812. O segundo livro, sobre a doutrina da essência, é editado em 1813. O terceiro e último livro, intitulado *Lógica subjetiva ou doutrina do conceito*, é publicado em 1816. Pouco antes de sua morte, em 1831, Hegel entregará a seu editor uma nova versão de *Ciência da lógica* (publicada em 1832), na qual apenas o primeiro livro foi modificado. A tradução francesa de S. Jankélévitch (Aubier Montaigne, 1947-49) se apóia na edição de 1832. A tradução de P.-J. Labarrière e G. Jarczyk (Aubier Montaigne, 1972-81) retoma a edição de 1812-16. Utilizo ora uma, ora outra, indicando a cada vez qual delas.

da *Enciclopédia das ciências filosóficas*, destinada antes de tudo aos estudantes das universidades de Heidelberg (edição de 1817) e Berlim (edições de 1827 e 1830), fornecerá de novo uma forma condensada da lógica, chamada "pequena lógica". Levando em conta esses diferentes esclarecimentos, a apresentação que segue se inspira principalmente na "grande lógica" de 1812-16.

Até aqui o devir foi designado como o objeto principal da lógica hegeliana. Mas, paradoxalmente, a primeira dificuldade que então surge é o imobilismo. Porque dizer que tudo é processo, que tudo é alternância de ser e de nada, não basta para superar o estágio dos dualismos estéreis e das oposições abstratas; ao contrário, é apelar para uma invariante tão ampla, para uma caracterização tão geral, que a pergunta que surge é como se vai variar, progredir: o ser é devir, o pensamento é movimento, *mas o que mais se pode dizer*?

O *ser-aí*

A chave, aqui, está na exigência trazida pela própria questão: eis que, para progredir, pedem-se *mais detalhes, mais informações, mais determinações*. Assim, a noção de devir, que até o presente parecia descansar inteiramente na calma unidade do ser (tudo que é, devém), aparece agora como *requerendo* a determinação mais precisa do que é: uma mudança só é perceptível quando se chega a apreender *o* que mudou, *onde* mudou. Dito de outra maneira, o devir não se identifica somente ao ser (*Sein*) em sua *autonomia* e em sua *universalidade*; ele deve também tomar a forma de *determinado* ser *particular*, *deste* "ser-aí" (*Dasein*), isto é, deste ser apreendido em sua *diferença*, ou marcado por uma certa *determinação*. Alguma coisa particular mudou e dá toda sua consistência, por exemplo, a *este* céu, cuja cor relativamente abstrata e indeterminada se tornou *esta* cor particular que tenho agora a meus olhos. É importante perceber que esta caracterização do devir como *determinação* ou como *ser-aí* não se confunde com o simples fato de passar do ser ao nada, ou do nada ao ser, em resumo, com o simples fato de aplicar a negação em geral. Compreende-se uma grande parte da filosofia de Hegel se, seguindo o início da *Ciência da lógica*, conceber-se que ele visa precisamente afinar a operação da *negação* e mesmo, como vamos descobrir agora, dividi-la em *dois momentos distintos*.

Na primeira passagem que acabamos de atravessar, passagem da imediatez indeterminada do *ser em si* (*Ansichsein*) para a imediatez determinada do *ser-aí* (*Dasein*), ainda não há negação no sentido de *rejeitar* alguma coisa ou se *isolar* de alguma coisa. Em outras palavras, não há ainda negação que redunde em tomar distância em relação a alguma coisa ou a "pôr diante de si" (*ob-jet*) o ser do qual partimos. Expliquemos isso por um exemplo. As transformações de uma coisa física afetam essa coisa, mas elas não a negam, não a rejeitam *enquanto coisa física*. Elas não implicam que se extraia ou que se isole dessa coisa física para "colocá-la aí" diante de nós, como se ela fosse exterior a nós ou independente, assim como se faz quando se passa do *objeto* físico ao ponto de vista do *sujeito* que pensa o objeto. Todavia, caso se olhe bem, percebe-se já nas transformações da coisa física, e de maneira mais geral na passagem do *ser em si* ao *ser-aí*, uma *primeira forma de negação*, não no sentido de *se isolar de*, mas no sentido de *se distinguir de, se diferenciar de*. É possível, com efeito, não sair de determinado gênero e se distinguir dos outros elementos compreendidos nesse gênero; não deixar de ser azul, mas passar do azul celeste ao azul anil ou, melhor, desse azul anil que eu via a este outro azul anil que percebo agora. Assim, o ser-aí se define sempre como o *outro* de tal ser.

Essa alteridade aparece constantemente, continuamente, porque o ser-aí, o *este* particular que tenho sob os olhos ou no espírito não pára de se diferenciar, de se determinar de maneira diferente em relação ao que lhe está próximo. Um tal processo de diferenciação não pressupõe nenhuma outra relação além do próprio devir. Assim, o exemplo da cor que acabou de ser evocado não deve levar a que se pense que a particularização se opera sempre no interior de um quadro predeterminado como o *gênero*, a *classe*, etc. Estamos ainda muito longe, neste estágio, de apreender o sentido das relações de *pertencimento* ou de *inclusão*. Simplesmente, a única relação que vale por enquanto é o fato de ser *outro*: nenhum ser, portanto *a fortiori* nenhum gênero, nenhuma classe, se dá de outra maneira senão se *diferenciando* em relação a seu outro, em relação ao que o precede, ao que o sucede, ao que está em torno dele de maneira geral.

É importante perceber que esta primeira forma de negatividade, característica da passagem do ser em si ao ser-aí, recomeça permanentemente, ao infinito. Cada coisa é sempre o outro de uma coisa mais ou menos próxima, e esta também é o outro de uma outra, etc. Essa alteridade não concerne somente aos objetos do mundo físico. Ela caracteriza também o movimento do entendimento quando este é remetido de uma idéia a outra, ao mesmo tempo próxima e distinta da precedente. Ela caracteriza ainda as relações entre as diferentes consciências, entre os diferentes sujeitos, ao menos na medida em que estes não se distinguem entre si senão pela limitação, os contornos que determinam mutuamente: o que me distingue de ti é que eu *não* penso, não vejo, não faço *como* tu. Meu *ser-aí* depende fundamentalmente dos contornos ou das limitações que o *outro* me determina do exterior. Hegel dá um nome bem preciso a essa forma particular de ser-aí percebida ou definida *a partir do exterior*: ele a chama *ser-para-um-outro* (*Sein-für-Anderes*).⁸ Notemos que essa delimitação de cada ser é sempre renovada, sempre reiniciada: uma limitação sucede a outra; para escapar desta aqui criamos aquela, que nos limita de novo, o que nos deixa *sempre insatisfeitos*. Percebe-se aqui o esboço do que se tornará um dos ramos mais célebres da filosofia de Hegel, a saber, a tristeza, a dor, a inquietude da consciência: atormentado pelo outro, magnetizado pelo exterior em geral, o homem reitera ao infinito a experiência de sua finitude. Ele a reitera não de maneira totalmente passiva, mas sob o modo do *dever-ser* (*sollen*), isto é, a exigência, sempre renovada, mas sempre parcialmente fracassada, de escapar às limitações, de ir além de tal *determinação*⁹ particular. Hegel insistirá bastante (principalmente, como será visto mais adiante¹⁰, para se distinguir da filosofia de Kant) no fato de que esse dever-ser, esse redobramento ao infinito de determinações finitas, definitivamente não traz nenhum sentido novo: o céu era azul celeste, ei-lo azul anil, depois sombra – mas que sentido isso tem? Tal pessoa persegue tal objetivo, mas é limitada por tal outra que se orienta diferentemente, enquanto uma terceira segue uma outra via ainda – mas que lição tirar disso? Uma idéia me leva a outra, que desperta ao menos

---

8. Seria preciso na verdade traduzir esse termo por "ser-por-outra-coisa", porque a limitação de um ser percebida a partir das outras coisas que o limitam não concerne somente à consciência individual, mas a todo ser determinado.
9. Cada ser tem, por assim dizer, uma "vocação", uma "destinação" particular que o impulsiona a tomar esta ou aquela determinação. Para distinguir esse *movimento* de determinação do *estado* de ser determinado, isto é, da qualidade dada imediatamente, Hegel estabelece a diferença entre *Bestimmung* e *Bestimmtheit*, que se traduz geralmente por *determinação* e *determinidade*. Todavia, não gostaria de recorrer a esse último neologismo, porque o momento do ser-aí será visto aqui sempre em sua globalidade, a uma só vez como *movimento* e como *estado* de determinação.
10. Ver, neste livro, na p. 29.

uma outra idéia ainda – mas por isso raciocinei? Todo o hegelianismo é de alguma maneira uma tentativa de superar esse *primeiro tipo de negação* (não *rejeitar* alguma coisa ou *isolá-la*, mas se *distinguir dela* ou se *diferenciar dela*), esse *mau infinito* do pensamento, mau infinito das consciências que limitam umas à outras, mau infinito do devir quando é visto simplesmente como processo de particularização ou de especificação.

O ser para si

A superação do mau infinito só poderá se operar por meio de uma *segunda negação*, a saber, aquela que até o momento foi descrita como um isolamento, ou um distanciamento. É essencial distinguir bem essa nova negação daquela que caracterizava a passagem do *ser em si* ao *ser-aí*. Passando agora do *ser-aí* ao que Hegel chama de *ser para si*, trata-se de negar a *imediatez* que caracterizava *ao mesmo tempo* o ser em-si e o ser-aí. O *ser para si* (*Fursichsein*) é o ser que é extraído, se separa, se isola dos outros seres. Essa operação do para-si constitui a verdadeira novidade, o ponto crucial, o momento de invenção da dialética hegeliana. Ela representa, diz Hegel, o "momento *mais íntimo, mais objetivo* da vida do espírito, pelo que a gente se torna um *sujeito*, uma *pessoa*, e uma pessoa *livre*".[11] Tentemos compreender melhor esse momento, abordando-o não como um mistério, mas também não como uma operação trivial ou corrente que poderia ser reduzida, por exemplo, a uma simples repetição ou superposição da primeira negação ("negação da negação"). Tentemos, pois, cercar a especificidade dessa negação,

---

11. *Science de la logique*, trad. franc., modificada, de P.-J. Labarrière e G. Jarczyk, III, p. 382.

primeiro de um ponto de vista filosófico, depois de um ponto de vista lógico.

De um ponto de vista filosófico, tudo se passa *como se* fosse possível se isentar do *mau infinito* que foi descrito mais acima. Como se fosse possível tomar uma distância em relação às limitações impostas a cada ser do exterior, colocar diante de "si" ou fora de "si" a sucessão das determinações diversas e particulares que afetam esse "si". Como se fosse possível que o fluxo infinito de determinações cessasse para aquele que, abstraindo-se, apreendesse o *momento*, o princípio motor, a dinâmica, a necessidade. Assim, por um lado, a operação do para-si permitiria a isenção da sucessão das determinações, permitiria *liberar-se* dela, mas, por outro lado, ela permitiria conceber o que faz sua *necessidade*.

Eu disse que não seria preciso ver essa operação do para-si como alguma coisa muito misteriosa. Com efeito, como distanciamento de um objeto dado, o para-si, diria Kant, é simplesmente um outro nome para a *reflexão*. Mas refletir, aqui, não é simplesmente representar, redobrar, reproduzir as coisas particulares segundo uma modalidade de alguma maneira constrangida, obrigada por essas mesmas coisas ou pelas leis do entendimento; é, ao contrário, *negar* essas determinações e dar a si mesmo, ao mesmo tempo, a possibilidade de agir sobre elas, uma vez que se descobriu e se trouxe à luz seu princípio motor. Eis o passo decisivo que a *Ciência da lógica* dá, eis o que distingue fundamentalmente a filosofia de Hegel da de Kant. Este não reconheceu a especificidade da reflexão, ou do para-si, em relação ao em-si. Para ele, a natureza humana obedece, como a natureza em geral, a certas leis, a certos princípios de *determinação* dos quais não se pode se isentar, se emancipar. Todo o objeto de sua filosofia crítica consiste em descobrir as *leis* que governam o entendimento, a sensibilidade e a ação.

Insistindo na *nova forma de negatividade* que constitui o para-si, Hegel pretende ao contrário superar o *dever-ser*, ou seja, superar a obrigação ou o constrangimento no qual as leis da razão, ou as do mundo, nos mantêm. Por um lado, contrariamente ao que se passa na sucessão dos seres-aí, o momento do para-si não é jamais necessitado pelo processo em curso: o salto é livre, sempre proposto, jamais imposto. Mas, por outro lado, a liberdade verdadeira, para Hegel, não se reduz a essa possibilidade, que o para-si oferece, de se liberar do fluxo de determinações. Ela consiste, colocando esse fluxo como se fosse exterior, em se tornar capaz de *descobrir* o que gera sua *necessidade* e, ao mesmo tempo, de *inventar livremente* um sentido novo.

Tradicionalmente, todavia, tende-se a opor descoberta e invenção, necessidade e liberdade, uma vez que essas noções parecem colocar-nos diante de alternativas radicais: ou se *descobre* alguma coisa que já *existia* antes ou se *inventa* alguma coisa que *ainda não existe*; ou se esclarece uma realidade que se impõe necessariamente a nós ou se cria livremente um novo espaço no qual é possível evoluir. Mas, do ponto de vista hegeliano, toda descoberta é *concretamente* invenção, e reciprocamente. Por exemplo[12], a descoberta da América não é somente a iluminação de alguma coisa que já existia antes, mas também a invenção, entre outras coisas, de uma nova maneira de

---

12. Escolhi este exemplo, que não aparece em Hegel, por sua relativa simplicidade. Na última edição (1832) da *Ciência da lógica* encontramos um raciocínio análogo sobre o cálculo infinitesimal, ao mesmo tempo descoberta (*Entdeckung*) e invenção (*Erfindung*) (na tradução de S. Jankélévitch, Aubier Montaigne, I, 1947, p. 336 – mas o tradutor verte os dois termos por "descoberta"). Na *Fenomenologia do espírito* é o saber filosófico em geral que, diz Hegel, nos faz ao mesmo tempo descobrir "um novo mundo" e "recomeçar desde o início" como se tudo que o precedesse estivesse perdido (trad. franc. J. Hyppolite, II, p. 312).

fazer comércio que não existia antes. Reciprocamente, a invenção da tipografia não é somente uma criação, mas também a (re)descoberta, o *renascimento* de uma certa relação do homem com o saber.

Como justificar isso dialeticamente? Vimos que o para-si é o distanciamento, ao mesmo tempo, do ser em-si *e* dos seres-aí. Isso implica que ele nega tanto o que já *é em si* (digamos "o mundo antes de Colombo"), como o que ainda *não é* aqui ou *aí* (digamos aquela forma bem particular de comércio, dita "triangular": as miçangas para a África, os escravos para a colônia, os produtos tropicais para a Europa). Assim, por um lado, o para-si nega o *ser em-si* preexistente, uma vez que põe uma nova realidade que determinará, ela mesma, novos seres-aí (o novo mundo e as práticas comerciais que ele suscita); por outro lado, ele nega a multiplicidade de *seres-aí*, inclusive aqueles que não são ainda ou que não são mais, uma vez que ele se põe como independente, indiferente a essa diversidade (a América continua a existir quaisquer que sejam as formas de comércio). Assim, a negação do ser em-si *e* dos seres-aí esclarece o que produz sua unidade, o que torna *necessária* a passagem do um aos outros, dando-se *ao mesmo tempo* a possibilidade de *agir* nessa passagem (a nova geografia não ocasiona somente novas maneiras de fazer comércio: ela nos coloca diante de novas escolhas). O para-si *descobre* a razão preexistente de uma dinâmica e *inventa*, por isso mesmo, um novo meio de ação ("boa" ou "má", feliz ou infeliz) sobre a realidade. Ele reconhece a necessidade das coisas, e por isso cava um novo espaço de liberdade.

Uma outra maneira de exprimir isso seria dizer que o para-si é ao mesmo tempo o *movimento* subjetivo de negação ou de emancipação, e o *resultado* objetivo desse movimento, ou seja, o próprio ser colocado à distância, colocado diante de si. Ou, antes, que ele é ao mesmo tempo o movimento do sujeito que *inventa* ou *faz* a história e o movimento pelo qual o objeto *se deixa descobrir* tal como ele é realmente ocasionado pela história. No fundo, o que o para-si reúne é, assim como o objeto e o sujeito, a história e a consciência. Além disso, não é tanto a *Ciência da lógica*, mas a *Fenomenologia do espírito* que ressalta verdadeiramente esse desafio propriamente filosófico da noção de para-si, essa unificação do sujeito e do objeto ou da consciência e da história. Lembremos que a publicação em 1807 da *Fenomenologia* precede em cinco anos a publicação da *Ciência da lógica*. Dito de outra maneira, considera-se que o leitor da *Lógica* já sabe que tudo que é dito do para-si, bem como, além disso, das outras etapas da dialética (na medida em que cada uma se põe negando as outras, ou seja, pode ser observada *por si mesma*) diz respeito tanto ao sujeito como ao objeto, à consciência como à história, ao pensamento como à matéria. Vê-se, com isso, que o para-si não é uma etapa como as outras, não é um valor dado, um ponto fixo, um simples degrau localizável em alguma escada, sendo antes uma função, uma operação capaz de se repetir ao infinito e de aplicar-se até mesmo a seus próprios resultados.

Longe de se reduzir a um sistema de classificação ou de hierarquização, a filosofia de Hegel leva a um mundo em que cada parte, cada figura, concentra ou refrata a totalidade das relações de que participa. Terei naturalmente a oportunidade de voltar a isso na segunda parte, ao abordar a *Fenomenologia do espírito*. Notemos apenas, por ora, que o para-si não é somente uma operação árida da razão ou do entendimento. Ser extraído de um processo de determinações não significa necessariamente *se abstrair* ou *se desencarnar*, não é um movimento de desumanização ou de desencantamento: suprimindo toda dependência em face dessas determinações, pode-se também (re)animar um *afeto*, uma *emoção*, uma forma de *vitalidade* até então desconhecida. Impressão de estranheza em face das velhas dualidades, diante do que até então aparecia como evidente e incontestável, sentimento de que as bifurcações existem, de que as coisas poderiam ter sido, e ainda podem ser, diferentes, descoberta de um novo espaço de sentido no qual não distingo mais entre o que é o mundo e o que sou eu. Consiste precisamente nisso todo o desafio da *Fenomenologia do espírito*: mostrar como a mediação do para-si, como o tomar distância, pode acordar ao mesmo tempo nossas capacidades de ação e de emoção.

O que é feito agora da significação *lógica* do para-si? Como se pode, de um ponto de vista lógico, ao mesmo tempo afirmar sua independência em relação a um certo processo e pretender com isso alcançar ou apreender seu princípio motor? Partamos de um exemplo que, além de tudo, fascinou Hegel, já que ele dedicou a esse exemplo sua dissertação inaugural na Universidade de Iena (1801). Os planetas do sistema solar ora se aproximam, ora se afastam do Sol. E, no entanto, eles jamais se chocam contra o Sol ou desaparecem nos espaços infinitos. Além disso, pode-se perceber que a velocidade deles aumenta quando se aproximam do Sol e diminui quando se afastam. Mas como explicar essas variações, essas sucessões de determinações ou *seres-aí* aparentemente opostos? Eis o entendimento embarcando no mau infinito de uma busca, de uma exigência, de um dever-ser sem fim: dar a razão exatamente daquilo que parece irracional. Ele chegará a isso se descobrir ou inventar um ser (de fato, o momento cinético dos astros[13]) que, como para-si, permanecerá totalmente

---

13. Define-se hoje o momento cinético de um móvel em relação a um ponto fixo como o produto do *impulso* desse móvel (aqui, sua *quantidade de movimento*, ou seja, sua massa multiplicada por seu vetor de velocidade) pela *distância* do móvel em relação ao ponto fixo em questão. O momento assim obtido é representado por um vetor *perpendicular* ao plano formado

independente, pura negação em relação a cada uma das variações tomadas isoladamente: um planeta pode se aproximar do Sol, logo ver a força de atração que se exerce sobre ele aumentar, depois se afastar do Sol e retomar novamente outras determinações, mas nem por isso deixará de "seguir sua órbita" ou, antes, como prefere dizer Hegel, de conservar a relação global que o mantém *para-si*, ou seja, isolado dessas diferentes variações.

O para-si é, pois, a negação *absoluta* do processo de sucessão das determinações ou *seres-aí*; ele não é nem o contrário disso, nem o inverso, também não o oposto ou o outro, mas se põe (e o põe) como totalmente independente ou isolado, negando qualquer relação, qualquer referência a qualquer ser ou ser-aí:

> Dizemos de uma coisa que ela é para-si quando superou [*aufheben*] seu ser-outro, suas relações ou sua comunidade com outra coisa, quando ela as rejeitou e se abstraiu delas. O outro é nela apenas o que foi superado, apenas seu momento.[14]

É precisamente essa potência que o ser para-si tem de se tornar *autônomo* em face de um processo e *ao mesmo tempo* de *dar conta* desse processo que o torna tão interessante

---

pelo vetor impulso e pelo ponto fixo. Na época de Hegel essas relações não eram definidas dessa maneira precisa. Mas o que Hegel mantém é que as relações entre, de um lado, as determinações "*ideais*", como a distância que separa o móvel de seu ponto de referência, ou ainda a direção de sua velocidade tangencial (que infelizmente ele chama de "força centrífuga") e, de outro lado, as determinações "*reais*", como a massa do móvel, enfim, que essa relação se mantém *para-si*, isto é, permanece idêntica independentemente das variações que o móvel conhece. Cf. *Science de la logique* (trad. franc. S. Jankélévitch, I, p. 388-9) e *Enciclopédia das ciências filosóficas*, § 265 e § 271.

14. *Science de la logique*, trad. franc. S. Jankélévitch, I, p. 162.

do ponto de vista lógico: isso leva de fato a dizer que existe uma certa operação (chamemo-la f) que pode se introduzir no interior do processo de sucessão das determinações (digamos de x para $q(x)$) *sem afetar em nada esse processo*.[15] O próprio fato de não afetá-lo e, no entanto, de se integrar a ele, de ter parte nele, dará a esse processo uma configuração completamente nova. Da mesma maneira que o fato de acrescentar um eixo perpendicular a outro, ou uma dimensão a um fenômeno visto até então sob certo número de ângulos, não modifica o fenômeno, mas pode talvez esclarecer seu comportamento.

Na edição corrigida da *Ciência da lógica* (publicada em 1832), Hegel desenvolve um exemplo que ilustra esse movimento no plano físico. O funcionamento de uma alavanca reflete bem, diz-nos ele, a maneira pela qual o ser para-si *supera* as múltiplas determinações dos seres-aí. Costuma-se resumir a "lei da alavanca" dizendo que o que se ganha em distância (em relação ao apoio) é economizado em força. Por exemplo, dá no mesmo aplicar uma certa força na extremidade da barra da alavanca e aplicar uma força dupla no meio dela. Assim, os dois *seres-aí* que são a distância e o peso parecem ligados por um mesmo processo de determinação recíproca. Nesse cenário, a operação do para-si consiste, então, em considerar esse processo como um "*momento*":

> No caso da alavanca, são chamados momentos mecânicos o peso e a distância a partir de um certo ponto, e isso por causa da identidade de sua ação, quaisquer que sejam, além disso, as diferenças que um real, como o peso,

---

15. Em álgebra essa operação é chamada de "automorfismo ortogonal". O automorfismo f é dito ortogonal ao "processo de determinações" $q(x)$ se e somente se $q(x) = q(f(x))$. *Vê-se* literalmente f se introduzir no interior do processo sem modificá-lo.

ou que um ideal representado pela simples determinação espacial, pela linha, comporta.[16]

A formulação acima é certamente imprecisa, e até inexata, já que parece dizer que o peso e a distância são *dois* momentos distintos, ao passo que o "momento de uma alavanca" é antes o produto desses dois fatores.[17] Mas o que principalmente se deve procurar compreender nessa passagem é em que a consideração do (ou dos) momento(s) da alavanca esclarece o estatuto lógico da operação do parasi: em que o *momento de uma alavanca* (ou o que Hegel conserva dele) nos leva a uma outra dimensão que seria "autônoma" em relação às determinações que agem na alavanca (peso do corpo, comprimento da barra da alavanca) e, ao mesmo tempo, permitiria "dar conta" dessas determinações? A chave, aqui, está no que Hegel chama "*idealidade*" da distância levada em conta. É preciso, de fato, observar que essa distância *não* é o comprimento real da barra rígida que forma a alavanca; ela só corresponde a essa barra quando a força exercida forma um ângulo reto com a barra rígida (figura 1). Mas, à medida que o ângulo se afasta da normal (figura 2), a distância a ser levada em conta diminui, o que significa dizer que o *momento da alavanca*, sua "capacidade" para levantar uma carga, diminui igualmente.

Concretamente, isso quer dizer que a força motriz $\vec{F}$ e o comprimento da barra $\vec{B}$ não determinam "imediatamente" ou "diretamente" o comportamento da alavanca. Seu "momento" ou sua "capacidade de rotação" dependem também do ângulo formado pela barra $\vec{B}$ e pela direção da

---

16. *Science de la logique*, trad. franc. S. Jankélévitch, I, p. 102.
17. Mais precisamente, o produto da força motriz pela distância (chamada também de "barra da alavanca") do apoio em relação à reta segundo a qual age a força.

A lógica

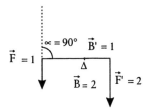
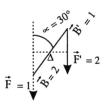

Figura 1
Momento da alavanca =
1.2 sen ∝ = 2

Figura 2
Momento da alavanca =
1.2 sen ∝ = 1

força motriz $\vec{F}$. Se esse ângulo for reto, a capacidade será máxima; se for nulo (ou igual a 180°), ela será inexistente. Assim, embora a ligação das determinações imediatas, que são a força exercida e o comprimento da barra, seja bastante real (de fato dá no mesmo aplicar uma força na extremidade da barra e aplicar da mesma maneira uma força dupla no meio dela), essa ligação pode ser superada graças à apreensão do *momento* da alavanca: esse momento, essa capacidade de rotação integra certamente o comprimento da barra e a intensidade da força, mas leva igualmente em conta um fator (o ângulo entre a direção da força e a barra) que só é visível depois de uma dimensão suplementar, ortogonal ao plano formado pela força e pela barra. Diríamos hoje que o momento da alavanca não se exprime sob a forma de um banal *produto* entre dois (ou três) fatores, mas que depende de seu produto *vetorial*, ou seja, de um produto que não somente leve em conta a grandeza e a direção dos vetores considerados, mas além disso represente seu "produto" em uma dimensão "indiferente", ortogonal ao plano formado por esses vetores.[18]

---

18. Para estabelecer a ligação com a nota 15, concernente ao automorfirmo ortogonal *f*, digamos simplesmente aqui que *f* corresponde à projeção ortogonal do produto vetorial ($\vec{F} \wedge \vec{B}$) no plano formado por $\vec{F}$ e $\vec{B}$. A partir disso, é fácil mostrar que *f* pode ser interpretado como o

Voltemos ao exemplo dos planetas e ao valor físico suscetível de descrever seu comportamento sem se deixar influenciar pela variação de um fator mais que por outro. Hegel não chega, na verdade, a definir rigorosamente esse valor (o "momento cinético"[19]), que, por sua vez, não era identificado como tal em sua época. Mas suas reflexões sobre o *momento* o levam a precisar ainda mais o duplo estatuto da operação do para-si: de um lado ela consiste em rejeitar, em negar cada determinação particular tomada isoladamente. A expressão figurada que Hegel emprega para exprimir esse aspecto do para-si é dizer que ele exerce uma "repulsão" em relação à multiplicidade cambiante das determinações. Mas, por outro lado, o para-si conjuga, conjunta, une os diferentes fatores presentes (a velocidade dos planetas e sua distância do Sol), já que sua única determinação (puramente negativa) é de permanecer idêntico a si mesmo enquanto a variação de uns é "compensada" pela variação de outros. Hegel exprime isso novamente de maneira figurada ao dizer que o para-si exerce uma "atração" na medida em que atrai para si, para reuni-las, as diversas determinações. No fundo, para Hegel, o verdadeiro "atraidor" no interior do sistema solar não é o Sol, como pensava Newton, mas o que chamamos hoje de momento cinético dos planetas: é porque esse momento é constante que nosso sistema é estável. Infelizmente, tal concepção, já em segundo plano na dissertação de 1801 sobre *As órbitas dos planetas*, apoiando-se principalmente

---

determinante de um sistema de equações lineares que têm uma infinidade de soluções. Visto sob esse ângulo, o movimento da dialética de Hegel consistiria não em extrair uma solução única para um "problema" (ligações de seres-aí) dado, mas antes em *ligar conjuntamente* problemas de maneira a multiplicar ao infinito suas soluções possíveis. Sobre esse tema, ver G. Casanova, "L'algèbre de Clifford et la dialectique de Hegel", *Advances in applied Clifford's algebra*, vol. 4, n. 2, 1994.

19. Ver nota 13.

em argumentos "filosóficos", falha em rigor em sua expressão física ou matemática. Hegel comete uma série de erros, entre os quais o mais importante consiste em tomar a velocidade tangencial pela "força centrífuga", o que obviamente o leva a absurdos.[20] Compreende-se, nessas condições, por que sua argumentação chocou eminentes cientistas contemporâneos seus, como Gauss, e por que ainda hoje provoca o riso.[21] Mas ela guarda sua parte de verdade aos olhos daquele que sonha com a maneira pela qual um matemático ou físico pretenda classicamente superar uma situação de desordem ou de caos aparente. O matemático René Thom certamente não pensava em Hegel ao escrever o texto a seguir; no entanto ele o desenvolve, sem refletir, como o movimento lógico do para-si:

> É um mecanismo totalmente geral: quando um fenômeno é aparentemente indeterminado, pode se esforçar para reinstalar o determinismo multiplicando o espaço dado U por um espaço (interno) S de variáveis ocultas; considera-se o fenômeno inicial em U como projeção de um sistema determinista no produto U x S. A estatística, desse ponto de vista, nada mais é que uma hermenêutica determinista, que visa restaurar o determinismo ali onde ele aparentemente falha.[22]

---

20. Cf. *Les orbites des planètes* (trad. franc. F. De Gandt, Paris, Vrin, 1979, p. 136); *Théorie de la mesure* (trad. franc. e comentário de A. Doz, Paris, PUF, 1970, p. 179 ss.).
21. Os *Elementos de história das matemáticas*, assinado pelo grupo Bourbaki, observam que "Hegel, em sua dissertação inaugural 'demonstra' que só podem existir sete planetas, no mesmo ano em que se descobria um oitavo" (na verdade a lua Ceres) (reed. Masson, 1984, p. 26).
22. René Thom, "Halte au hasard, silence au bruit" ["Pare o acaso, silêncio para o ruído"], in *La querelle du déterminisme* [*A querela do determinismo*], Paris, Gallimard, 1990, p. 76.

Sob essa perspectiva a dialética de Hegel se revela espantosamente atual, capaz mesmo de esclarecer os debates contemporâneos em torno do "acaso" e da "necessidade". Todavia, não quero dizer aqui que essa dialética seria uma simples aplicação mecânica, cega, de um princípio ou de um método de progressão no conhecimento que os lógicos ou os matemáticos teriam descoberto em outro lugar. Quero dizer quase o contrário: é Hegel que descobre em sua generalidade, em sua concretude não limitada às matemáticas e à aquisição de conhecimentos, um princípio de progressão, de avanço na determinação concreta dos seres, um princípio que, precisamente porque leva em conta o curso necessário e a liberdade de invenção do pensamento, revela, por comparação, os métodos lógico-matemáticos como mecânicas nas mais das vezes cegas e vazias.

O *em-si-para-si*

Até aqui três etapas demarcaram a reflexão, a do *ser em-si* (por exemplo, o "movimento dos planetas"), a do *ser-aí* (por exemplo, *este* movimento mais rápido que *aquele outro*) e a do *ser para-si* (por exemplo, o "momento cinético" dos planetas, que é independente das variações do movimento deles e "explica" a todos de uma só vez).[23] A essas três etapas é preciso acrescentar um último momento que permite que se alcance o ser concreto e singular, ou o que Hegel chama de o ser-em-si-para-si (o movimento concreto dos planetas atualiza de maneira inteiramente *singular* seu momento cinético).

Assim, tendo partido de um devir que se estende à *universalidade* de tudo o que é, e que depois se exprime

---

23. Volto a esses exemplos apenas para facilitar os primeiros passos na compreensão de Hegel. O que se segue dará, espero, uma idéia da inesgotável variedade de conteúdos da dialética.

aqui e ali, ao se *particularizar*, atingimos agora a *singularidade* concreta das coisas, porque veio se intercalar o vazio do "distanciamento" ou, como diz Hegel, a negatividade "absoluta" ou "segunda". Com certeza, essa realidade concreta e singular não se reduz ao vazio ou à negatividade.

É preciso também retornar, voltar ao fluxo imediato das coisas, mais forte, dessa vez, da livre mediação que permitiu a compreensão da necessidade. Somente então as determinações que passavam sem cessar para seu oposto encontrarão sua unidade. Hegel não chama isso de síntese, mas de *Aufhebung*, que em geral se traduz por "superação". Entretanto, a palavra "Aufhebung" tem vários significados distintos em alemão, significados que na verdade recobrem as diferentes etapas já percorridas. Antes de tudo, "aufheben" significa "conservar", "manter", pois a quarta etapa do processo dialético é principalmente um *retorno* ao ser ou ao *em-si* das coisas. Por outro lado, "aufheben" também significa "cessar", "colocar um fim": é claramente o *ser-aí* que é buscado nesta acepção, pois "Aufhebung" coloca um fim ao processo infinito de determinação imediata da coisa pelo que lhe é exterior ou outro. Enfim, "aufheben" implica uma significação negativa, ou "já inclui nele o negativo"[24]: exprime, pois, também o trabalho do *para-si*, na medida em que esse trabalho consiste em negar toda relação com o ser imediato. É preciso, entretanto, insiste Hegel, estabelecer a diferença entre esse trabalho de negação e o nada puro e simples: a negação operada pelo para-si é *absoluta*, não é inversão, oposição ou relativização, mas rejeição, distanciamento, autonomização em relação ao devir, ao passo que o nada é apenas uma das faces do devir imediato. Mas,

---

24. *Science de la logique*, trad. franc. P.-J. Labarrière e G. Jarczyk, I, p. 81.

definitivamente, "Aufhebung" exprime sobretudo o *resultado* desse trabalho de negação, ou seja, o acesso a uma *nova* forma de imediatez que *une* o que aparecia anteriormente como oposto. Assim, o comportamento concreto de cada planeta é, *em-si e para-si*, a mistura, a proporção singular que une sua velocidade e as forças de atração que se exercem sobre ele. Para facilitar, continuarei a falar de "superação" para designar *Aufhebung*; é preciso, todavia, se lembrar que esse termo recobre, na verdade, uma sucessão de momentos, e traduz, antes de tudo, a idéia de que o movimento dialético se conclui *conservando* e *realizando* a unidade do que parecia, ao início, imediatamente oposto.

A dialética tem, pois, quatro etapas e não três, como se pretende habitualmente. É exatamente isso que Hegel sustenta nas passagens em que a examina de maneira mais precisa:

> Se, depois de tudo, se quiser contar... o que é contado como terceiro pode também ser encontrado como quarto, e, em lugar da triplicidade, pode-se tomar a forma abstrata [da dialética] como uma quadruplicidade; o negativo ou a diferença é, dessa maneira, contado como uma dualidade... [Quanto à forma da] triplicidade, claro que ela é apenas o lado inteiramente superficial, exterior, da maneira de conhecer."[25]

Se, de maneira geral, Hegel adverte seu leitor contra *qualquer* uso vazio ou cego de esquemas, modelos ou formas que pretendam resumir de maneira abstrata a essência da dialética, essa advertência visa, na verdade, particularmente às múltiplas formas ternárias de que se

---

25. *Science de la logique*, trad. franc. P.-J. Labarrière e G. Jarczyk, III, p. 383.

alimenta tradicionalmente a filosofia, e às quais Kant e Fichte deram uma nova juventude:

> O formalismo se apoderou igualmente da triplicidade e se satisfez com o esquema vazio dessa mesma triplicidade; as inconseqüências chatas e a miséria do que se chama o construir filosófico moderno, que consiste apenas em pendurar em tudo esse esquema formal, sem conceito nem determinação imanente, e utilizá-lo por um ato-de-colocar-em-ordem exterior, tornou essa forma tediosa e mal-afamada. Mas esse caráter insípido de seu uso não pode fazê-la perder seu valor, e é preciso sempre ter em alto apreço o fato de que aquilo que havia sido descoberto não era senão a figura não compreendida do racional.[26]

Apesar dessa reticência de Hegel em reduzir sua dialética a um esquema formal, muitos comentadores tentaram apreender o próprio *conceito* da dialética hegeliana através de uma imagem ou de um modelo que desse uma idéia mais viva. Alguns fizeram como se o famoso modelo da tese, da antítese e da síntese realmente pertencesse à filosofia de Hegel[27]: a tese traduziria o ser em-si, a antítese envolveria as duas negações do ser-aí e do para-si, a síntese exprimiria o em-si-para-si. Mas Hegel não emprega em nenhum lugar essa terminologia para designar *sua própria* dialética. Outros comentadores encontraram na imagem (hegeliana) do *círculo* o meio de exprimir o retorno à imediatez do em-si que se opera depois de ter passado pelo ser-aí e pelo para-si. Alguns observaram, então, que a imagem da *espiral* era mais conveniente, porque a superação dialética não é um retorno puro e

---

26. *Science de la logique*, trad. franc. P.-J. Labarrière e G. Jarczyk, III, p. 384.
27. A atribuição desse modelo à filosofia de Hegel é obra sobretudo de um de seus discípulos, Karl Ludwig Michelet (1801-93).

simples, mas, antes, passagem a uma ordem de realidade mais concreta e mais singular. Entretanto, a espiral pode levar a pensar que nos achamos em face de um movimento *contínuo*, ao passo que a negatividade desempenha um papel de *ruptura* no interior da dialética. Mais que isso, são *dois tipos de negatividade* bem diferentes que se sucedem, a primeira negação desempenhando a relação com um *outro* e a particularização que se segue disso, a segunda negação trabalhando no sentido da *autonomização* ou da afirmação de *si*. Tudo isso me inclina a conservar a imagem da ortogonalidade, que tomo de empréstimo de Dominique Dubarle[28], mantendo no entanto em mente que se trata apenas de uma imagem, de um suporte, de jeito nenhum de uma chave formal, uma chave mestra, que bastaria tirar de seu molho para desaferrolhar todos os enigmas num piscar de olhos.

O esquema da página seguinte, que é preciso ler seguindo a numeração de 1º a 4º, apresenta, portanto, as principais etapas da dialética insistindo na diferença que separa a *negatividade segunda*, ou *absoluta* ("sair de"), da *negatividade primeira* ("se diferenciar de"). A negatividade

---

28. Para evitar qualquer interpretação "literal" demais do esquema seguinte, Dubarle propõe que se veja os *dois eixos* como um simples *reflexo* da dialética, ou mais precisamente como o resultado de uma *projeção*, de um cruzamento de *três superfícies*. Os três pontos de fuga, correspondendo a cada uma dessas superfícies, constituiriam, então, os verdadeiros momentos conceituais da dialética, a saber, o universal, o particular e o singular. O que faria surgir os dois eixos é justamente o fato de que cada um desses três momentos, o universal, o particular e o singular, é transido por uma dupla negatividade, "vertical" e "horizontal". Cf. D. Dubarle, "Logique formalisante et logique hégélienne" ["Lógica formalizante e lógica hegeliana"], in *Hegel et la pensée moderne. Séminaire sur Hegel dirigé par Jean Hyppolite au Collège de France (1967-1968)* [*Hegel e o pensamento moderno. Seminário sobre Hegel dirigido por Jean Hyppolite no Collège de France (1967-1968)*], dir. J. D'Hondt, Paris, PUF, 1970, p. 113-59; e D. Dubarle e A. Doz, *Logique et dialectique* [*Lógica e dialética*], Paris, Librairie Larousse, 1972 [há uma tradução em espanhol, México: Siglo Veintiuno Editores, 1975 (N. T.)].

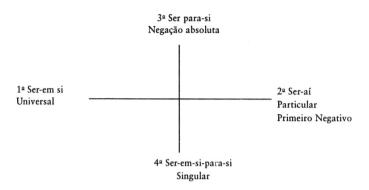

primeira corresponde ao eixo horizontal (passagem do em-si ao ser-aí), a negatividade segunda ao eixo vertical (passagem do ser-aí ao para-si). Se a segunda negação apenas se acrescentasse ou se superpusesse à primeira negação, nada mais faria que prolongar indefinidamente o eixo horizontal (sem sair do mau infinito). Mas, colocando-se como "independente" (ortogonal) em relação a esse primeiro eixo, ela abre ou descobre uma nova dimensão.

É preciso, todavia, evitar a identificação pura e simples dessa segunda negação à criação de um novo espaço, pois o momento do para-si não se apresenta como uma positividade. Sua negatividade é de tal maneira "absoluta" que se poderia dizer, também, em certo sentido, que ela intervém *durante cada* transição dialética (do ser-em-si ao ser-aí, do ser-aí ao para-si, do para-si ao em-si-para-si). É essa sem dúvida a razão pela qual Hegel privilegia definitivamente a forma ternária para estruturar seus textos em seções e capítulos. O segundo negativo (o para-si) é ora associado ao primeiro negativo (o ser-aí) a fim de, como diz Hegel, não "dualizar" a negatividade, ora associado ao em-si-para-si. Ou então é o primeiro negativo que é ligado ao ser em-si, o que permite, neste caso, ressaltar o para-si como segunda etapa inteiramente nela. Nem por isso deixa de resultar que a dialética conta não três, mas quatro grandes momentos, mesmo que as divisões das principais obras de Hegel não apresentem um sinal disso.[29] É preciso, pois, evitar procurar muitas chaves dialéticas no esquema de recapitulação da *Ciência da lógica* que apresentamos a seguir. Contrariamente ao precedente, esse esquema não tem mais por fim fazer aparecer a negatividade segunda ou absoluta, mas somente oferecer uma visão de conjunto da obra retomando a estrutura de seu sumário. Os dois outros esquemas colocados mais adiante (páginas 78 e 138), e que resumem a estrutura da *Fenomenologia do espírito* e a da *Enciclopédia das ciências filosóficas*, não têm outra ambição. Contrariamente ao costume, escolhi ordená-los do alto para baixo, por um lado porque isso me pareceu o mais natural, por outro, porque, se a dialética em um sentido é exatamente uma *elevação*, não deixa de ser verdade que ela nos *reconduz*, nos faz *descer novamente*, do *abstrato e mais geral* rumo ao *mais concreto e mais singular*.

---

29. A não ser que sejam observadas de perto. Damo-nos conta, então, de que a história da *filosofia*, por exemplo, é determinada por *quatro* grandes questões: o *ser* (parmenídico), o *devir* (heraclitiano), a *idéia* (platônica) e a *energeia* ou *atualização* (aristotélica) (cf. *Leçons sur l'histoire de la philosophie*, I, Introdução, trad. franc. J. Gibelin, Paris, Gallimard, 1954, p. 117 ss.). Da mesma maneira, a história do *mundo* passa por quatro grandes momentos, comparáveis aos da *vida humana*: mundo oriental (infância), mundo grego (adolescência), mundo romano (idade adulta) e mundo germano-cristão (maturidade) (cf. *Princípios da filosofia do direito*, §§ 352-60 e *La raison dans l'histoire*, op. cit., p. 279-96). A comparação dessas duas passagens mostra que a "imediatez particular" própria da segunda etapa [a do *ser-aí*] pode ser interpretada também como a emergência do aspecto *formal* do para-si: o que Hegel chama de para-si enquanto "*forma* viva". Enfim, logo veremos (p. 68-9) que a própria *Ciência da lógica* tem fundamentalmente quatro etapas: ser, essência, conceito na subjetividade e conceito na sua realidade.

Plano da *Ciência da lógica*

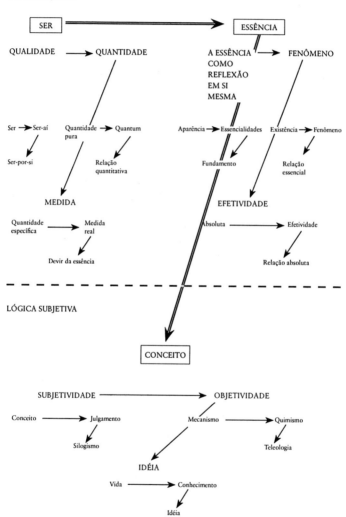

Da qualidade à quantidade

Muitas coisas já foram ditas até agora e, no entanto, é possível que nossas mentes "técnicas", "modernas", "pragmáticas" não estejam satisfeitas. Que as coisas "aconteçam" ou se sucedam, tudo bem. Que elas o façam de maneira determinada, de acordo. Que esse processo de determinação nos conduza, sob a condição de refletir a necessidade ou o princípio dinâmico, de sua forma abstrata e universal à sua realidade concreta e singular, mais uma vez tudo bem. Mas, ao dizer isso, desordenou-se alguma evidência, abalou-se algum grande processo de compreensão? O que mudou? O que foi *negado* ao se dizer isso?

Este é o momento de tentar aplicar a uma questão concreta o que foi aprendido da dialética até agora. Tratar dialeticamente essa questão é abordá-la não apenas como um problema *em-si*, do qual não é possível se subtrair, mas como uma *exigência determinada* (ser-aí) da qual é possível *tomar distância*. A exigência que é aqui pressuposta na questão, que parece *dever ser* absolutamente satisfeita, pode, se *não* a fazemos nossa, se nos isentamos para *colocá-la aí*, diante de nós, emergir em sua singularidade. Qual é pois essa exigência?

> Não há oposição que não seja quantitativa; tal foi, desde algum tempo, a tese maior da filosofia moderna.[30]

Dito de outra maneira: tudo o que foi estabelecido é muito bonito, mas se isso não se traduz em cifras, em equações, em previsões observáveis e quantificáveis, não se fez nada de novo. Ora, a primeira grande contribuição

---

30. *Science de la logique*, trad. franc., modificada, de P.-J. Labarrière e G. Jarczyk, I, p. 225.

da lógica de Hegel consiste precisamente em se emancipar dessa forma de ver. Para Hegel, o processo de transformação tal como foi descrito até agora é antes de tudo de ordem *qualitativa*. Isso quer dizer que o fato de variar, de mudar de determinação, não é um atributo *segundo* ou *contingente* do ser, não é uma característica acrescentada às coisas e que poderia estar *mais* ou *menos* presente, em maior ou menor *quantidade*. Na verdade é a noção de *quantidade* que aparece como um traço segundo, justaposto à coisa. Por exemplo, o fato, de um homem ser *mais* ou *menos* alto não modifica seu ser; alto ou baixo, ele não é menos homem. Em contrapartida, sua *qualidade* de humano lhe pertence intrinsecamente e o define.

Hegel afirma então que a *qualidade* do ser (o que o determina, o define intrinsecamente) é a de não estar jamais *fixo* de uma vez por todas, mas sempre em devir, em passagem. Mas, então, se reitera imediatamente uma questão, ou antes uma exigência, análoga àquela que foi posta uma primeira vez no momento da passagem do ser-em-si para o ser-aí: essa qualidade "de estar em devir", que até agora nos foi dada como uma noção que se basta a si mesma, que forma determinada ela adquire *aqui* ou *aí*, no caso *deste* objeto aqui ou *daquele* ser-aí? O "ser em devir" pode ser dado sob outras formas, outras determinações além do simples fato de estar em devir, determinações que o fariam *outro* em relação ao que ele é *sem, por isso, aniquilá-lo*, fazê-lo desaparecer? Independentemente da qualidade fundamentalmente móvel de cada ser, não se poderia caracterizá-lo, determiná-lo melhor pelas características segundas que tornam este movimento diferente de um outro? Notemos que a passagem do qualitativo ao quantitativo que está prestes a se realizar implica uma vez mais uma *dupla* negatividade: negatividade do ser-aí, uma vez que se busca distinguir um movimento de *outro*; negatividade do *para-si*, uma vez que se colocam em evidência determinações *indiferentes* à qualidade do ser, *separadas* dele.

Pensando o devir em termos "matemáticos", deixando que o real advenha sob sua forma quantitativa, vê-se, assim, surgir meios *indiferentes* ao devir, como o "espaço", o "tempo", a "matéria" em geral. Nesse universo suspenso fora das coisas, nessas dimensões animadas apenas pelo jogo formal de determinações ao mesmo tempo contínuas (enquanto *seres-aí* infinitamente precisáveis) e discretas (enquanto distintas *para si* uma da outras)[31], as quantidades ou os números têm suas leis próprias; o matemático pode tratá-los *como se* fossem objetos, *como se* fossem *qualidades*. Ele estudará, pois, as condições nas quais esses objetos variam, e fará dessas condições o critério de realidade por excelência. Hegel antecipa formidavelmente com isso o futuro das matemáticas, que efetivamente se tornarão, a partir da segunda metade do século XIX, o estudo do que se conserva e do que varia no curso de diferentes transformações impostas a tal ou tal objeto. Contrariamente, portanto, ao que se pensa

---

31. Dessa concepção do universo matemático decorre uma visão do *cálculo infinitesimal* que pode algumas vezes parecer parcial (nos dois sentidos da palavra), mas que repousa inteiramente nesse princípio segundo o qual o raciocínio matemático concentra determinações ao mesmo tempo contínuas (enquanto sucessões de *seres-aí*) e discretas (enquanto *para-si*). Hegel concebe, pois, que um matemático possa perfeitamente passar do infinito do contínuo à finitude do discreto, e inversamente. Por exemplo, a relação entre duas variações infinitamente pequenas (dx e dy) pode muito bem dar um número finito. Mas ele precisa que não se alcança, por isso, "a essência" ou, antes, o *conceito* do verdadeiro infinito, pois este, longe de se limitar ao domínio da quantidade, se estende a toda a realidade e, a esse título, depende da filosofia apenas. Donde uma atitude ambivalente em relação aos "analistas" (de análise infinitesimal) mais célebres: Newton e Leibniz são declarados culpados de ter desejado apreender o infinito por meio de números, enquanto Lagrange é felicitado por ter fundado sua análise no método algébrico (e "finito") dos desenvolvimentos em série.

freqüentemente, as matemáticas não são a ciência do número ou da quantidade, mas *a ciência que trata a quantidade como uma qualidade*, ou seja, como um objeto do qual certas propriedades invariáveis podem subsistir para além de certas transformações. Esse princípio sobre o qual repousará toda a álgebra moderna, Hegel o faz seu: o número, ou o objeto matemático em geral, não se define somente por uma relação de correspondência a uma coleção de objetos (portanto por sua função *extensiva*), mas também por uma relação de ordem que o liga invariavelmente a outros números (função *intensiva*); diríamos que ele não é somente um *valor*, mas também um *operador*, e realmente uma função que dá resultados diferentes segundo os múltiplos valores aos quais se aplica. Para tomar um exemplo inteiramente trivial: o número 7 não é somente o valor correspondente ao conjunto de dias da semana, o que é uma característica puramente acessória, indiferente à natureza desse número; ele é também um operador de diferenciação que, aplicado, por exemplo, a – 3, pode dar 4 e, aplicado a 2, pode dar 9.

A medida

Apesar de se ter insistido bastante no poder diferenciador dos objetos matemáticos, nas relações que os ligam entre si, antecipando-se com isso o futuro das matemáticas como estudo das variações dessas relações ou desse poder diferenciador, os objetos matemáticos não deixam de ser fundamentalmente indiferentes à natureza qualitativa das coisas: eles podem corresponder a elas, representá-las, mas não deixarão de existir se essas coisas desaparecerem. As leis da trigonometria permanecem as mesmas ainda que não exista nenhum círculo perfeito. É preciso também, para voltar à dependência concreta em relação às coisas, passar à *medida*, última etapa do processo dialético do ser. Medir alguma coisa é considerar que alguns de seus caracteres quantificáveis traduzem, exprimem a natureza concreta desta coisa. "O universo é escrito na linguagem das matemáticas", dizia Galileu.[32] O momento da mensuração assume plenamente essa concepção "galileana" do mundo: a natureza intrínseca, as qualidades próprias dos corpos residiriam, pois, em algumas de suas propriedades quantitativas, como sua massa, sua quantidade de movimento, e até um certo ponto de ebulição ou de solidificação, que são caracteres *mensuráveis*. Alcança-se aqui o momento "positivista" da lógica de Hegel: toda a realidade, todo acontecimento se resumiria a um conjunto de dados mensuráveis. É claro que, nos fatos, não somos sempre capazes de efetuar as mensurações e os cálculos requeridos, mas o importante seria ter consciência de que toda realidade obedece a *leis* ou a *formas gerais* que podem ser expressas em termos de *medidas* ou de *relações* entre muitas *medidas*:

> A matemática da natureza, se quiser ser digna do nome de ciência, deve ser essencialmente a ciência da medida, ciência pela qual muito foi feito do ponto de vista empírico, mas muito pouco do ponto de vista científico, ou seja, filosófico... É certamente um grande mérito ter descoberto os números empíricos da natureza, como por exemplo aqueles que dão a distância que separa os planetas, mas seria um mérito infinitamente maior se fizessem desaparecer esses *quanta* empíricos para fazer a forma geral das determinações quantitativas, em outras

---

32. *Il saggiatore* (1623), *Opere di Galileo Galilei*, ed. nazionale, 1890-1909, VI, p. 171. [Ed. bras.: Galileu Galilei. *Ensaiador*. 5ª ed. São Paulo, Nova Cultural, 1991.]

palavras, os elementos (ou momentos) de uma lei ou medida.[33]

Esse momento positivista constitui o resultado, o ponto culminante do processo do *ser*. Mas Hegel não se satisfaz com isso. A medida não basta para diferenciar as coisas. Pois, no limite, caso se admita que dois corpos *diferentes* não podem dar lugar a duas medidas *iguais* sob todos os pontos de vista (quantidade de movimento, coordenada espaço-temporal, etc.), pode-se dizer o mesmo de *tudo* o que é? A qualidade intrínseca de tudo o que é se mostra sempre através de relações quantitativas? Sim, sem dúvida, uma vez que nada no ser da coisa é capaz de se colocar como *indiferente* ao quantitativo. Mas o que é feito do pensamento, da vida, das paixões, da cultura, e das *exigências* que todos esses domínios, além de tudo bem diferentes, veiculam? Toda a filosofia de Hegel, poderia ser dito, visa precisamente mostrar que *o ser não basta a si mesmo para se diferenciar*, se determinar. Para aquele que pensa que cada qualidade se reduz a uma certa relação entre as quantidades, Hegel apresenta a série de seu sistema: será de início a *essência*, a possibilidade indefinida, para o ser, de se diferenciar segundo relações *não quantificáveis*; depois virão a natureza, a consciência do homem, sua história, a arte, a religião, a filosofia; todos movimentos, devir, que conspiram para mostrar que a realidade, ou o *conceito*, como dirá Hegel, jamais acaba de se desenvolver, de se diferenciar, precisamente porque seu princípio de desenvolvimento é negação, afastamento de qualquer etapa que se quisesse definitiva.

---

33. *Science de la logique*, trad. franc. S. Jankélévitch, I, p. 388-9.

Do ser à essência

Passando, agora, do ser à essência, vamos nada menos que tentar compreender *em que o ser das coisas não é galileano*, não é escrito em linguagem matemática. Entretanto, encontramo-nos ainda no domínio da lógica objetiva: é o devir *próprio* do ser, seu movimento de *auto-realização* que o leva a buscar *fora de si* o princípio de sua diferenciação, e não algum olhar exterior posto por um pensamento ou por um sujeito. A passagem do ser à essência não implica ainda a irrupção da subjetividade. A essência é simplesmente o ser visto em sua negatividade. Essa essência passará por três momentos: a *reflexão em si mesma*, o *fenômeno* e a *efetividade*.

A essência como reflexão em si mesma

Para fixar as idéias, imaginemos um exemplo que redesenharia a totalidade do processo desde o ser até o estágio da essência. Consideremos um pequeno objeto muito duro, incolor e brilhante: um diamante. Seu ser se apresenta primeiro imediatamente através das *qualidades* que acabam de ser mencionadas. Mas suas características *quantitativas*, seu peso, suas dimensões, embora não modifiquem sua natureza de diamante, também contribuem para defini-lo. Mais que isso, é a *medida* de suas propriedades, e até a medida de sua composição química, que fixará o que ele realmente é. Este é o caminho percorrido até aqui e que define o ser. Todavia esse diamante não é apenas um conjunto de dados mensuráveis ou de ligações químicas, mesmo encarnado em alguma qualidade. Ele é a *relação* que une todos esses elementos, o *fundamento* (*Grund*), a razão mesma pela qual essas informações, essas quantidades e essas qualidades, se mantêm juntas. Em outras palavras, há uma "essência do diamante", uma "razão essencial" pela qual diferentes determinações, diferentes propriedades físicas se encontram unidas. É isso que Hegel chama de momento da "essência como reflexão em si mesma". O termo reflexão não deve ser mal interpretado: ele não significa a intervenção de um *sujeito* pensante, significa simplesmente que a passagem ao "fundamento", a transição de seu *ser* a sua *essência*, implica agora a entrada em um regime de *negatividade*. Até agora essa negatividade se apresentou a nós apenas de maneira indireta, particularmente pelo ser-aí e pelo para-si. Agora ela vai se explicitar melhor – e em uma ordem inversa, visto que o imediato do qual se parte não é mais a positividade da qualidade, mas, precisamente, o fato de que essa positividade não basta. Já insisti[34] na diferença importantíssima entre a "primeira negatividade" – a saber, o fato, característico do ser-aí, de ser *outro*, diferente, exterior a alguma coisa – e a "segunda negatividade", ou negatividade absoluta – a saber, o fato, característico do ser para-si, de (se) colocar como totalmente indiferente, isolado, *independente*. A essência exprime esses dois tipos de negatividade. Se o termo "reflexão" intervém aqui é precisamente para melhor caracterizar, para melhor integrar essas duas negações, mas em uma ordem inversa da que seguimos precedentemente: a reflexão começa pela negatividade absoluta, ou seja, pelo movimento de se colocar como *fora de si*, ou como *indiferente a si*.

A aparência, as essencialidades e o fundamento

A essência é, então, o que simplesmente nega a imediatez da coisa colocando-se, finalmente, como indiferente a sua *aparência* (*Schein*) imediata: mesmo que este diamante

---

34. Ver, neste livro, p. 24-9.

possa ter tal cor, tais dimensões, o importante é a razão primeira, a relação fundamental que faz coexistir a totalidade dessas determinações imediatas, mesmo sem estar afetada por qualquer delas. A essência se *põe*, portanto, como "fundamento", mas um fundamento que não está nem além nem aquém; ela é a negatividade mesma, compreendida como potência infinita e *absoluta* de tudo negar, de negar inclusive a si mesma (inclusive, pois, a diferença fundador-fundado). Notemos de passagem que o termo *absoluto* aparece aqui desde o *primeiro tempo* do processo dialético, o que está longe de ser raro em Hegel. Será preciso se lembrar disso quando terminarmos a exploração de seu sistema, ou seja, quando abordarmos mais adiante o saber dito "absoluto".[35]

Por outro lado, a essência do diamante se define igualmente através da "primeira negatividade". Hegel não fala mais, então, de *reflexão "poente"*, mas de *reflexão "exterior"*: a "razão de ser" do diamante não é mais vista como uma negatividade absoluta que habita cada uma de suas aparências, como uma aptidão intrínseca para reinventar sem cessar a diversidade de suas determinações, mas, antes, como um objeto exterior caracterizado por sua alteridade, por suas diferenças determinadas em relação aos traços sensíveis da coisa.

Da essência ao fenômeno (Erscheinung)

Convenhamos que essa "essência" de uma coisa compreendida como sua raiz, sua razão *fundamental* e, ao mesmo tempo, *determinada*, é muito misteriosa. Para voltar a nosso exemplo do começo, concebe-se facilmente que um diamante tenha um "fundamento", mas esse

---

35. Ver, neste livro, p. 161.

fundamento, sendo diferente de todas as características do diamante, ficará sempre escondido, se apresentará apenas de maneira velada, falseada, em resumo, nada mais fará que *aparentar* ou *parecer*. Para ser *alguma coisa*, a essência, a negatividade, deve se determinar melhor, deve a-parecer (*er-scheinen*) e não apenas parecer (*scheinen*). Ela deve, portanto, se *exteriorizar*, não apenas através das determinações quantitativas e qualitativas, das quais já falamos a respeito do ser, mas também através de múltiplos *usos, ações* ou *produções* aos quais a coisa (o diamante) pode se prestar. Este é o segundo momento da essência, o momento do *fenômeno* (*Erscheinung*).[36]

A *existência, o fenômeno e a relação essencial*

Este momento do fenômeno responde a uma exigência análoga àquela que, no processo do ser, nos fez passar do ser em-si, ainda bastante geral e abstrato, ao ser-aí. Mas a *significação* desta nova passagem é radicalmente nova. Trata-se de nada menos que transformar a *reflexão* em *ação*. O que faz que relações somente *possíveis* se estabeleçam *realmente*? O que faz que uma pedra, reunindo não sei por que razão um certo número de qualidades, apareça efetivamente como um "diamante"? Para além deste exemplo particular do diamante, é toda a questão da *passagem ao ato* que está posta aqui em sua dimensão lógica: por que determinadas coisas que *parecem* realizáveis *aparecem* realmente? Como se passa de um mundo *possível* ao mundo da *experiência*? Essa passagem, para Hegel, se opera progressivamente: é a essência *como reflexão*

---

36. É depois da *Fenomenologia do espírito* (1807) que Hegel insiste na necessidade do *aparecer* e da *exteriorização*. A *Lógica de Iena* (1804-5), ao contrário, condenava a experiência, considerada como uma relação muito imediata com o mundo, fonte de erro e de ilusão.

que prepara, que pressupõe (no sentido de pôr antes: *voraussetzen*) a essência *como existência*. Ela a prepara porque, por sua atividade de pôr fora de si, incita desde logo as determinações a *sair de* (*ex-sistere*) seu estado de qualidades para se tornarem verdadeiros atores ou agentes da realidade.

Assim, a essência do diamante não é somente a razão essencial pela qual suas propriedades "conservam-se unidas"; ela é também a "lei", a "necessidade" (por exemplo, econômica ou comercial) que fez que suas propriedades terminassem por servir a um certo uso, por ocupar um certo lugar em nosso mundo sensível, e, portanto, por *aparecer* para nós como um verdadeiro "diamante". Mas imediatamente se põe a questão de saber *até que ponto* as aparências obedecem a alguma lei, a alguma necessidade que agiria atrás delas ou às suas costas. A exteriorização da essência não implica também a irrupção de aspectos contingentes, imprevisíveis, frutos de um acaso? Todo fenômeno parece obedecer a alguma lei, a alguma razão, mas não tem ao mesmo tempo sua parte de contingência, de imprevisibilidade? Por exemplo, se *apareceu* que o diamante se impôs em setores de joalheria e da indústria, é, sem dúvida, em *razão* de suas qualidades de brilho e dureza. Mas o diamante parece ter tido também uma parte de sorte, porque existem outras pedras preciosas e de cores mais reluzentes, e outros materiais mais aptos à usinagem (mais resistentes ao choque, e quase sempre menos duros). Como, então, diferenciar as partes de sorte e de necessidade de um fenômeno? Como conciliá-las? Como explicar sua coexistência? Cada "causa", cada "razão" posta em primeiro lugar pode aparecer como insuficiente. Cada lei pressupõe sua exceção. Mais uma vez o entendimento é arrastado, agitado no mau infinito das oposições abstratas. Como é seu costume, Hegel observa tranqüilamente essa tensão entre os adeptos da necessidade em-si

(Kant, Schelling) e os mantenedores da contingência (Hume), entre os partidários de um mundo "inteligível" e os defensores de um mundo "sensível". Do ponto de vista da dialética, nenhum desses dois mundos é mais real que o outro, cada um se refere ao outro, se define negativamente por meio do outro. É por isso que, mais uma vez, o momento do fenômeno ou do aparecer exige uma nova etapa.

> Os dois mundos [o em-si e o fenomênico] estão, pois, em relação de tal maneira um com o outro que o que é positivo no mundo fenomênico é negativo no mundo em e para si, e, inversamente, o que naquele é negativo, neste é positivo. O pólo norte no mundo fenomênico é, em e para si, o pólo sul, e inversamente; a eletricidade positiva é em si negativa, etc. O que no ser-aí fenomênico é mau, infelicidade, etc., é em e para si bom e uma felicidade... ambos são assim... reflexões no seu ser outro, e também por aí existências verdadeiramente refletidas em si.[37]

Do fenômeno à efetividade

Assim, todas as coisas exteriorizam sem cessar sua essência, suas razões "em-si", mesmo através de manifestações "imprevisíveis" ou "contingentes". Esse processo de *exteriorização* ou de *autodeterminação* é chamado por Hegel de *efetividade* (*Wirklichkeit*) ou a realidade verdadeira.[38]

---

37. *Science de la logique*, trad. franc. P.-J. Labarrière e G. Jarczyk, II, p. 195-6 e 198.
38. Não se deve confundir *Wirklichkeit* e *Realität*. A realidade (*Realität*) é apenas o aspecto positivo da *qualidade* ou do *ser-aí* determinado, ao passo que a *efetividade* (*Wirklichkeit*) possui uma significação bem mais elevada e concreta: ela exprime aquilo que *age* (*wirken*), o que tem efeito, a saber, a essência que se torna existência fenomênica.

Tentemos compreender melhor em que consiste esse terceiro momento da *essência*. Momento, vale a pena dizer, essencial, porque permite reler com conhecimento de causa a famosa frase segundo a qual "o que é racional é real [*wirklich*] e o que é real [*wirklich*] é racional".[39] Alguns viram nisso a expressão de um racionalismo desenfreado, a palavra de ordem que resumiria uma filosofia da necessidade ou do determinismo. Ora, o que aprendemos até agora? Aprendemos que o ser *não* poderia se oferecer como uma coisa *simplesmente quantificável*, mensurável; que ele parecia sempre *dissimular* alguma razão fundamental; e que ao mesmo tempo ele *aparecia* sempre de maneira surpreendente, nova, deslocado em relação à ordem de sua essência.

O absoluto

Eis, portanto, como as coisas se manifestam em sua efetividade própria: mistura radical, que se exprime em todos os níveis, de essência e de existência, de interioridade e exterioridade, de dissimulação e de aparição, de necessidade e de contingência. Mas falar de "mistura radical" ou, ainda, de "totalidade absoluta", é evidentemente muito indeterminado. Para definir mais precisamente a efetividade, ou seja, o *processo de efetivação* que é a realidade, é preciso ainda uma vez voltar em nossos passos, reexaminar as principais aquisições de nossa caminhada, o que nos levará a uma verdadeira releitura da lógica clássica e, mais particularmente, a uma reconstrução das modalidades de contingência, de possibilidade e de necessidade.

---

39. Prefácio aos *Princípios da filosofia do direito*; ver também *Enciclopédia das ciências filosóficas*, edição de 1827, introdução § 6.

Recoloquemo-nos no contexto de um pensamento lógico clássico não hegeliano. Como seria concebida uma realidade em movimento, um processo de efetivação, senão em termos de causa e efeito, de condicionante e de condicionado? Todo acontecimento, todo processo, é a conseqüência de certos "dados" que se pode, de um ponto de vista lógico, colocar em evidência refletindo sobre eles como "condições de possibilidade" do processo em questão. A lógica clássica iria ainda mais longe, distinguindo, entre essas possibilidades, aquelas que dependem apenas da lógica pura (possibilidades *formais*), e aquelas que dependem de outras realidades já existentes (possibilidades *reais*). Por exemplo, poder-se-ia dizer que uma das possibilidades *formais* para que um filho tire algum proveito, durante a vida, da morte de seu pai é que o filho esteja vivo e o pai morto (o contrário estaria em contradição com o acontecimento em questão). Mas, para que esse acontecimento se produza realmente, é preciso ainda que uma série de outras possibilidades *reais* tenham lugar, ou seja, possibilidades que, respeitando as leis internas da lógica, tampouco entrem em contradição com as *outras realidades já existentes*. Hegel reconhece nessas possibilidades a variedade de circunstâncias imediatas ou de seres-aí que *parecem* ser a causa do acontecimento em questão:

> Por exemplo, se um homem se encontra em circunstâncias nas quais seu talento se desenvolveu pelo fato de ter perdido seu pai, que foi atingido por uma bala em uma batalha, esse golpe (ou, ainda mais atrás, a guerra ou uma causa da guerra e, assim, a série ao infinito) poderia ser indicado como causa da habilidade deste homem. Mas é claro que, por exemplo, esse golpe não é a causa por si, mas somente a ligação desse mesmo golpe com outras determinações atuantes. Ou antes, ele absolutamente não

é a causa, mas somente momento singular que pertencia às circunstâncias da possibilidade.[40]

A efetividade

Mas, caso se deixe agora a lógica clássica para voltar à de Hegel, e se lembre as razões pelas quais se passou do ser à essência, todo esse belo edifício de possibilidades formais e reais que levam à atualização da coisa se encontrará desordenado. Saímos do ser, deixamos a visão de uma realidade inteiramente mensurável porque *refletimos* sobre o fato de que *todas as ligações* (e não somente as ligações matemáticas e quantificáveis) *são formalmente possíveis*: esta pedra pode muito bem ser mole e ter o brilho de um diamante; este planeta pode se chocar contra o astro que o atrai; o fato de que na realidade essas possibilidades não venham à existência não impedem absolutamente o *refletir* sobre sua eventualidade. Para Hegel, uma vez que a potência da negatividade é infinita, é sempre *formalmente possível* pensar *outras* ligações além daquelas que se efetivam verdadeiramente. Conseqüentemente, o *possível* não é o que não implica contradição, mas, antes, aquilo cujo contrário pode ser refletido no mesmo sentido ou da mesma maneira como uma ligação entre outras. Assim, nenhum processo, nenhuma realidade é determinada de antemão pelas leis da lógica. Ao contrário, a reflexão estende ao infinito o campo de possibilidades lógicas, abrindo sempre mais o espaço das eventualidades. Mas isso não quer dizer que Hegel dê todos os direitos ao pensamento ou à imaginação. Pois a atualização, a efetivação, o acontecimento *muda tudo*. Para retomar o exemplo de Hegel, o que no início eram apenas

---

40. *Science de la logique*, trad. franc. P.-J. Labarrière e G. Jarczyk, II, 1976, p. 281.

"circunstâncias favoráveis" ou "condições de possibilidade" do talento de um homem, se torna, uma vez que esse talento se manifeste, a *causa eficiente*. Assim, a realização, a ex-istência, o fato, para uma possibilidade, de se exteriorizar transforma, retroativamente, essa causa *possível* em *necessidade absoluta*. Depois de ter limitado a potência da lógica afirmando a do pensamento livre, Hegel mostra, então, que a verdadeira liberdade de pensamento não se exerce senão na e pela potência do real: claro que a reflexão é livre para tudo negar, tudo reatar, tudo fazer e desfazer, mas só transformará verdadeiramente as coisas, só modificará profundamente sua lógica, ao se exteriorizar. O homem que desenvolveu seu talento quando da morte de seu pai se torna, por esse gesto livre, tributário da necessidade que tornou isso possível. Ele transforma o que eram apenas condições de possibilidade em causas reais.

A relação absoluta

Nesse sentido, poderia ser dito que a *necessidade* absoluta aparece em Hegel ao mesmo tempo que a *liberdade* absoluta: certamente a reflexão já era anteriormente *livre* para tudo conceber, para tudo reatar (momento da possibilidade formal), mas só há liberdade verdadeira na ação, na *passagem ao ato*, ou seja, no fato de transformar certas possibilidades formais em possibilidades reais e até em causas eficientes da realidade. Assim, o acontecimento, a passagem ao ato, não é somente a *conseqüência* de certas causas; é também a *causa* do fato de que o que o precede vai adquirir o estatuto de *causa real* e perder o estatuto de simples condição de *possibilidade*. A efetividade (*Wirklichkeit*), para Hegel, é fundamentalmente esse retorno incessante, essa ação recíproca entre a causa e o efeito. Em lugar de uma visão clássica ou linear da realidade, Hegel nos propõe um processo de *efetivação* que vai não apenas da causa para o efeito, mas também do efeito para a causa: uma ação livre redefine, desdobra uma realidade necessária e determinada, realidade que engendra suas próprias possibilidades formais de ação contingente, que, por sua vez, determina uma nova realidade necessária, e assim até o infinito.

> Assim desaparece a impenetrabilidade recíproca das substâncias tal como existia na relação de causalidade... O caráter primitivo de uma coisa consiste justamente no fato de que ela é sua própria causa, e este é o caso do conceito, que é substância liberada.[41]

Da lógica objetiva à lógica subjetiva

Hegel pinta, pois, com seus próprios meios dialéticos, um quadro que pode lembrar Espinosa, pela integração da *contingência* à *necessidade*[42], e evocar Aristóteles, pela importância dada à passagem ao ato (*energeia*).[43] Todavia, nenhum desses dois filósofos, que nos oferecem tão ricas visões de mundo, refletiu sobre seu sistema precisamente como *visão*, ou seja, como olhar de um sujeito, como construção subjetiva relativa ao que *é* e *devém*. Ora, a própria

---

41. *Science de la logique*, trad. franc., modificada, de S. Jankélévitch, II, p. 236, 249.
42. Para Espinosa, nada do que *existe* na *substância* (ou seja, na totalidade do que *subsiste* por si mesmo) é contingente; tudo está determinado pela necessidade da potência de existir e de agir própria da substância (*Ética*, I, proposição 29). Mas, ao mesmo tempo, as coisas singulares *são contingentes* na medida em que as determinações (limitações, negações) que estão ligadas a elas *não implicam necessariamente* sua existência (*Ética*, IV, definição 3).
43. Para Aristóteles, tudo o que existe realmente está em vias de *atualização* (*energeia*). A realidade é fundamentalmente *atividade imanente*, *processo de efetivação*, e, com isso, se opõe a tudo o que está em potência ou indeterminado (como a matéria) (*Metafísica*, Θ, 5-9).

marcha da dialética nos convida a dar esse passo, ou seja, a estender ainda mais a potência do negativo. O processo que acabou de ser descrito é, certamente, um processo de determinação necessária que engloba todos os seres, inclusive nós, mas implica também a possibilidade formal, pela reflexão, de passar ao ato se encarnado em um *eu*, um *eu* que possa *pôr diante de si* esse processo e encontrar para ele retrospectivamente uma necessidade *nova*. Assim, não contente de perturbar a lógica clássica introduzindo nela o devir, Hegel pretende agora estender sua própria lógica ao sujeito mesmo que a concebe, e à sua liberdade.

O *conceito*

Iremos aqui direto ao essencial. O que está em jogo agora é, muito simplesmente, a maneira pela qual a lógica adquire sentido para o sujeito ou, para retomar a linguagem de Hegel, a maneira pela qual a própria essência aparece. Ora, como o processo lógico tal como foi exposto até aqui (nos) aparece? Aparece antes de tudo sob a forma de *conceito*, isto é, como alguma coisa que é ao mesmo tempo universal (uma vez que é válida para o ser em geral), particular (uma vez que se determina de maneira distinta em relação às outras lógicas, como a lógica clássica) e singular (já que exprime a efetividade concreta e singular de cada coisa). Neste sentido, (nos) parece, portanto, pelo menos conceitualmente, que a lógica *contém* toda a realidade, que ela a engloba em uma série de círculos concêntricos, do menor de todos ao maior, ou do maior ao menor de todos.

O *juízo*

Mas ao mesmo tempo nos damos conta de que cada um desses círculos *remete* a outro, que nenhum momento suporta a si mesmo, que cada parte parece sempre dever ser *religada* às outras para ser perfeitamente compreendida, plenamente realizada: não existe ser sem essência; não existe em-si sem para-si, qualidade sem quantidade, reflexão sem exteriorização, etc. Este é o momento do *juízo* que, sucedendo ao conceito, busca constantemente religar dois termos julgados exteriores um ao outro, o sujeito e o predicado. Passando assim do conceito ao juízo, passa-se, portanto, de uma lógica que se apresenta como *continente de toda a realidade* (quer se a considere em sua mais vasta extensão ou em sua singularidade mais estreita) a uma lógica que se apresentaria como *religando as determinações* exteriores entre si. Ora, é precisamente essa dualidade entre o *pertencimento* e a *relação* que uma lógica da livre subjetividade precisa superar: o sujeito, evidentemente, *pertence* ao processo dialético, ele *faz parte* desse processo, mas, ao mesmo tempo, o sujeito se *serve* dele para *pôr as relações* das quais é deduzido; o sujeito é como que *necessitado* pelo fluxo das coisas, no entanto *livre*, ao mesmo tempo, para exercer sua ação nesse fluxo.

O silogismo

Eis o problema da contingência que ressurge, mas desta vez alargado até a liberdade: a contingência, como vimos, faz parte da necessidade, mas ao mesmo tempo a pressupõe, ou seja, a põe anteriormente como alguma coisa exterior que ela é suscetível de engendrar. Qual é, nesse contexto, o estatuto da liberdade? Não é preciso se ater ao fato de que Hegel entrega aqui, de uma vez só, a significação profunda da liberdade apenas com a ajuda da lógica; para ser apreendida em seus aspectos mais concretos, a liberdade deverá se impregnar da experiência da consciência, da história das culturas, das artes, das religiões e das filosofias. Mas, se nos ativermos ao aspecto lógico do problema, aprenderemos, talvez com surpresa, que, para Hegel, sua solução está no *silogismo*. Entretanto, esse silogismo não tem muito a ver com aquele da tradição aristotélica clássica. Aristóteles e seus herdeiros representavam o silogismo de maneira extensiva, ou seja, considerando que ele procede por pertencimento, *inclusão* de uma classe em outra. A classe dos gregos está incluída na classe dos homens, que pertence à classe dos mortais, portanto, os gregos são mortais. Por outro lado, a tradição sempre considerou que o desafio do silogismo é *religar* por um termo médio duas noções cuja ligação põe um problema. Por exemplo, "gregos" e "mortais": os gregos são mortais? Pode-se estabelecer essa ligação apoiando-se na classe dos homens como termo médio, ou seja, admitindo que os gregos são homens e que os homens são mortais.

O ponto de vista de Hegel é inteiramente outro; para ele não são nem os juízos e *ligações*, nem o pertencimento ou a *inclusão* de classes que importam em um silogismo; ninguém ignora que os gregos são homens, ou que eles pertencem à classe dos homens. Em contrapartida, o silogismo tem o imenso interesse de *encadear* essas ligações, de *raciocinar* sobre essas relações. Ele supera, com isso, o estágio da essência, que era um momento de reflexão e de aparição de relações consideradas *isoladamente*. O que o silogismo chega a unificar são duas relações abstratamente opostas. Por exemplo, "Sócrates é um homem" (ou a humanidade *singular* de Sócrates) e "os homens são mortais" (ou a mortalidade dos homens *em geral*) são duas relações *aparentemente opostas* que encontram sua unidade, sua razão concreta, na relação *particular* que é a mortalidade de Sócrates. Desse modo, cada silogismo é capaz de fazer aparecer a unidade da realidade que ele descreve, capaz de religar seus aspectos universal, singular e particular. É preciso ainda, para se tomar consciência da circularidade que está em jogo aqui, conceber sempre esse raciocínio como sendo, ele próprio, uma reunião de três silogismos em que cada uma das ligações desempenha sucessivamente o papel de termo médio (para retomar o exemplo precedente, nós o completaremos dizendo que a mortalidade dos homens e a mortalidade de Sócrates, aparentemente opostas, encontram sua razão concreta na humanidade de Sócrates, e, ainda, que a humanidade de Sócrates e sua mortalidade, aparentemente opostas, encontram sua unidade na mortalidade dos homens). Para se reunir assim vários silogismos em um único pode-se proceder de diversas maneiras. De início, enunciando-os sucessivamente como acabamos de fazer: é o caso do "silogismo do ser-aí". Em seguida, refletindo sobre eles conjuntamente: é o que Hegel chama de "silogismo da reflexão". Enfim, concebendo a coisa ao mesmo tempo de maneira categórica ou em seu ser-aí imediato (Sócrates é mortal); de maneira disjuntiva, ou seja, em sua possibilidade formal (Sócrates *poderia ser* um homem, *ou* um animal, *ou* uma planta, etc.); e de maneira hipotética, isto é, em sua possibilidade real (Sócrates é um homem *com a condição* de ser mortal): Hegel chama isso de "o silogismo da necessidade", que reagrupa, portanto, os raciocínios categórico, disjuntivo e hipotético. O importante sobretudo é ver que o aspecto propriamente *subjetivo* da lógica reside na faculdade que o pensamento tem de reinventar ao infinito o jogo das relações "essenciais" que a lógica objetiva deixa para ele, da mesma maneira que os silogismos da lógica clássica podem apresentar, reconstruir, reinventar de múltiplas maneiras uma realidade dada.

A objetividade

Voltemos um instante para recuperar as grandes etapas de nosso percurso. A lógica começou por constatar a imediatez do ser ou do devir. Depois surgiu a mediação da reflexão, ou seja, a essência. Esse momento da essência, como aliás todo o progresso dialético em geral, continha evidentemente nele a operação do para-si. Todavia, pode-se dizer que até aí o processo, o movimento do ser ainda era visto sob uma forma "objetiva", *auto*-suficiente, *subsistente por si mesma*. Dito de outra maneira, o processo considerado como *substância* somente se *particularizou* passando do ser à essência, isto é, ele encontrou seu *ser-aí*, mas ainda não alcançou seu *ser para-si*. Apenas entrando na segunda parte da *Ciência da lógica*, isto é, passando da *lógica objetiva* para a *lógica subjetiva*, foi que pusemos a substância lógica *diante de nós*. Assim surgiu uma certa subjetividade, uma liberdade em atividade na lógica: liberdade de religar as relações, de mediar as mediações, de raciocinar sobre os julgamentos. Desse ponto de vista, a lógica é "subjetiva", no sentido de que o movimento, o processo que ela estuda, pode ser visto *por si*, isto é, em sua liberdade de se emancipar de qualquer relação fixa. Em boa dialética, chegamos agora aos termos do processo da lógica, ou seja, ao momento do *em-si-para-si*, que reagrupa o que Hegel chama de a *objetividade* em sentido próprio e a *idéia*.

Podemos notar que esse último momento se situa na segunda e última parte da *Ciência da lógica*, que tem o nome de lógica subjetiva! Significa que Hegel não pretende voltar aqui a alguma realidade exterior ao sujeito, independente dele, sem qualquer relação com as múltiplas maneiras de se determinar que foram reveladas pela subjetividade. Ele pretende, antes, voltar à imediatez da substância, mas voltar vindo de seu percurso, ou seja, sem acreditar mais que a objetividade lógica nada tem a ver com a livre subjetividade nem com a atividade diferenciadora da reflexão. A liberdade age realmente no quadro objetivo. Resta mostrar de que maneira e em que consiste, finalmente, essa objetividade.

A objetividade em sentido lógico apresenta profundas analogias com a *natureza* tal como a concebe Hegel – o que nos dará oportunidade de dar aqui uma palavrinha a esse respeito. Mas é preciso imediatamente precisar que, no quadro da lógica, não é somente a *natureza* que entra em jogo (certamente uma ilustração bem loquaz da objetividade), mas *toda forma de objeto em geral*, que pode ser tanto espiritual como material. A questão diretriz é, portanto: em que o devir, em que o processo de autodeterminação das coisas segue a lógica do ser e da essência estando transido de liberdade, de subjetividade? Três etapas balizam a resposta a essa interrogação: o mecanicismo, o quimismo e a teleologia.

O mecanicismo

O mecanicismo contribui com um primeiro elemento de resposta porque nos ensina que os objetos, mesmo conservando a autonomia e, com isso, opondo-se uns aos outros (lógica do ser), tendem entretanto a entrar em relações exteriores uns com os outros (lógica da essência). Pensemos, por exemplo, na força de atração em física, mas pensemos também, nos planos individual ou social, no desejo, na sociabilidade, em todas essas formas de atração ou de repulsão que ligam os seres entre si.

O quimismo

O quimismo permite que se avance ainda mais: é precisamente a relação com o outro que determina a natureza própria e imediata de cada objeto. Este é o momento da essência, ou da reflexão das relações, que se inscreve, fica gravado na objetividade das coisas. Para ilustrar isso será evocado, por exemplo, o fato de que uma substância química se define pela maneira pela qual reage com as outras. Mas aqui também não é necessário se limitar à natureza: a experiência humana individual ou social apresenta a mesma forma de objetividade na medida em que, na sociedade civil, por exemplo, são as necessidades que definem as pessoas, e as relações de produção que definem os grupos.

A teleologia

Enfim, a teleologia, ou ciência dos fins, reintroduz no objeto a livre subjetividade. Ela concebe, com efeito, cada objeto como ligado a um *fim*. Com certeza não se trata de dizer que cada objeto perseguiria um fim que teria escolhido livremente. Mas sim que ele está sempre *ligado* a um fim, seja porque é utilizado como meio, ou mesmo porque foi descartado como inútil para atingir o fim em questão. De uma maneira ou de outra, querendo-se ou não, o ser de cada objeto se inscreve em uma rede de fios tecidos por diferentes fins. Essa rede – essa teia que resume e conclui a lógica realizando livremente a unidade do sujeito e do objeto sem jamais deixar de se transformar, de se diferenciar – Hegel chama de *idéia*:

> A idéia é o conceito adequado, o verdadeiro objetivo, ou o verdadeiro como tal. Se o que quer que seja tem verdade, tem-na por sua idéia, ou alguma coisa somente tem verdade na medida em que é idéia... Mas a idéia não tem somente o sentido mais geral de ser verdadeira, da unidade do conceito e da realidade, mas o sentido mais determinado da unidade do conceito subjetivo e da

objetividade... [É] a idéia infinita, na qual conhecer e fazer são igualados...[44]

A idéia

A idéia em sentido hegeliano não é, pois, apenas uma qualidade vinculada às coisas, um conteúdo imediato (pensamento ou matéria, bem ou mal, alegria ou dor); tampouco é alguma coisa formalmente quantificável, mensurável; nem a reflexão de relações entre qualidade e quantidade ou conteúdo e forma; nem a invenção livre de relações novas; nem mesmo a encarnação, a objetivação dessa invenção na mecânica, na química e na vida das coisas; na realidade, ela é tudo isso ao mesmo tempo, *mas em uma certa ordem*. Pois a lógica de Hegel não se limita a seguir o desenvolvimento da idéia, a acompanhar o desenrolar de todo o processo realçando a cada vez as *negações* que o fazem avançar. Ela ensina sobretudo que *há dois tipos bem diferentes de negação*, que se seguem sempre, alternando-se: *distinguir-se do outro* (sendo *isso* e não *aquilo*, *aí* e não *aqui*) não é *afirmar a si mesmo* (isto é, ser *para-si*). A diferenciação em relação ao outro (o fato de *ser-aí*) precede a afirmação de si (ou ser *para si*), e a afirmação de si anuncia sempre novas diferenciações em relação a outros. Uma e outra forma de negação se encadeiam, se arrastam mutuamente, mas sem se confundir. Pois trata-se aí, como vimos, de duas relações com o mundo, de duas negatividades fundamentalmente diferentes, uma passiva e determinada, a outra ativa e livre. Certamente permanecerão sempre indissoluvelmente ligadas pelo fluxo necessário das coisas, mas continuarão

---

44. *Science de la logique*, trad. franc. P.-J. Labarrière e G. Jarczyk, III, p. 273, 277-8, 281.

ao mesmo tempo irredutivelmente distintas, dada a contingência, a liberdade que trabalha esse fluxo.

Como o homem experimenta, trabalha, vive essa relação com o outro e consigo mesmo? Como as sociedades, as culturas, as religiões, realizaram essas relações? É o que se descobrirá agora, *saindo* da lógica.

2
Da consciência ao espírito

Por que abordar a *Fenomenologia do espírito depois* da lógica, quando sua publicação em 1807 *precede* em cinco anos a do primeiro livro da *Ciência da lógica*? O prefácio da *Fenomenologia* não apresenta claramente essa obra como a "primeira parte da ciência"?[1] Hegel não planeja, na época em que publica a *Fenomenologia*, fazer o "primeiro tomo de um sistema da ciência, cujo segundo volume conteria o sistema da lógica, das ciências da natureza, e das ciências do espírito"?[2] Mas, por outro lado, os textos mais tardios apresentam a *Fenomenologia* mais como um momento autônomo, uma malha "orgânica", uma totalidade na qual se reflete ou se anuncia o conjunto do sistema.[3] Desse ponto de vista, a *Fenomenologia* não

---

1. Prefácio à *Phénoménologie de l'esprit*, trad. franc. J. Hyppolite, Paris, Aubier, 1941, I, p. 31.
2. Apresentação da *Fenomenologia do espírito* publicada no *Bamberger Zeitung*, em 28 de junho de 1807, provavelmente redigida pelo próprio Hegel. Cf. também o prefácio à primeira edição da *Science de la logique*, trad. franc. P.-J. Labarrière e G. Jarczyk, Aubier Montaigne, I, 1972, p. 8: esta ciência "constitui... em um plano amplo, a primeira conseqüência da *Fenomenologia do espírito*".
3. *Enciclopédia das ciências filosóficas*, edição de 1817, § 36, observação. Cf. também o esquema preparatório para uma segunda edição da *Fenomenologia*, escrito em 1831. Ver a tradução e o comentário feito por

é a "primeira parte" do sistema, e sim, para retomar os termos de Hegel, um "exemplo" ou uma "dedução" da ciência pura que é a lógica. Mas, então, como compreender essa reviravolta, se é que ocorreu reviravolta?

Poderíamos dizer, forçando um pouco, que, caso sigamos a ordem do saber *se fazendo* ou, ao contrário, a ordem do saber *verdadeiro*, começaremos ora pela fenomenologia (que integra o processo pelo qual as coisas aparecem progressivamente para a consciência), ora pela lógica (que integra o processo em geral em sua pureza, ou em sua verdade). Desse ponto de vista, a fenomenologia mostraria que o que é verdadeiro *do* ser ou do devir em geral é **também** verdadeiro *para* o homem em particular. Os progressos da consciência ou do espírito humano constituiriam ao mesmo tempo um "exemplo" do devir em geral e a *primeira etapa* seria a preliminar indispensável ao estudo da lógica do devir em sua globalidade. Para dizer a verdade, essa maneira de ver opõe o homem ao ser talvez de maneira muito radical para ser plenamente convincente. Mas ela pode servir de ponto de partida para precisar melhor o desafio da *Fenomenologia*.

Tanto na *Fenomenologia* como na *Ciência da lógica* a idéia geral que emerge é que o *ser* não está dado, mas é *o que se faz*. E conseqüentemente, dir-se-ia, a mensagem específica que resume a fenomenologia poderia ser: "O *homem* nada mais é que aquilo que faz".[4] Mas seria um engano se apegar a isso, pois todo o movimento, toda a dinâmica da *Fenomenologia*, consiste precisamente em superar o que há de puramente formal ou lógico nessa máxima. O que é, pois, "fazer"? A lógica mostrou que

---

G. Jarczyk e P.-J. Labarrière em sua tradução francesa (*Phénoménologie de l'esprit*, Paris, Gallimard, 1993, p. 36-8).

4. *Phénoménologie de l'esprit*, trad. franc., modificada, de J. Hyppolite, I, p. 267. Cf. também *Filosofia do direito*, § 343.

isso implica um certo trabalho, um certo distanciamento em relação a tudo o que está "dado" imediatamente; ela se eleva, assim, do *em-si* ao *para-si*, depois do ser à essência, por fim, do ser e da essência (lógica objetiva) ao conceito (lógica subjetiva). Mas, por outro lado, "fazer" implica também uma saída de si, um movimento do interior rumo ao exterior, e este não foi completamente explorado, não foi seguido até o fim pela lógica. Até onde vai essa exteriorização? "Fazer" é simplesmente agir sobre o mundo sensível? É exercer uma influência sobre outra consciência? É descobrir uma verdade? É transmiti-la, partilhá-la? Tantas etapas, tantas questões que se colocarão de início à *consciência individual*, depois ao que Hegel chama de *espírito*, ou seja, à consciência alargada dos mundos da ética, da cultura, da moralidade, da arte, da religião e da filosofia.

Eis, pois, o verdadeiro progresso trazido pela *Fenomenologia*: não é mais apenas o *processo* do "fazer" que é importante, mas *o que é produzido* por esse processo, *o* que faz aparecer, *o* que exterioriza o devir em questão. A novidade reside, portanto, inteiramente na distância que separa o *"se* fazer" de "*o* que se faz". O grande problema da *Fenomenologia* será exatamente essa distância, essa interação entre o *fazer* e o *feito*, entre a efetivação e o efetuado, entre o processo substancial e seus efeitos na consciência e no espírito, ou, ainda, caso se queira, entre a história, de um lado, e seus "produtos", do outro. Digamos de uma vez que sua grande contribuição será a unificação desses dois aspectos: o que sentimos, percebemos, compreendemos como o *resultado* de um processo histórico desempenha aí um papel talvez bem mais ativo, bem mais mobilizador do que parece.

A *Fenomenologia* tentará, pois, acompanhar de perto a maneira pela qual se emaranham o paciente e o agente, o objeto e o sujeito, a substância e a consciência, ou, se

Plano da *Fenomenologia do espírito*[5]

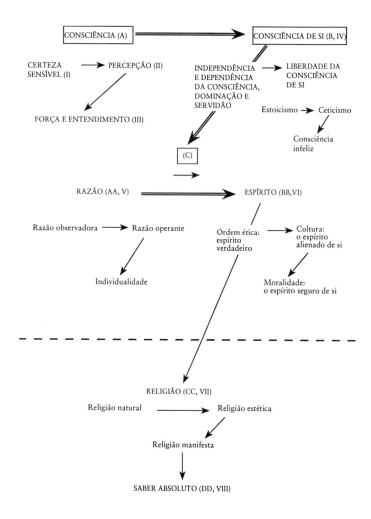

---

5. Signo da relativa complexidade das articulações, Hegel escolheu dois tipos de índice para ordenar seu texto: de um lado as tradicionais *letras* A, B, C, (D), de outro, uma numeração de seções em *algarismos romanos*. O plano acima menciona os dois.

se quiser, a história e o indivíduo. Para chegar a isso ela terá o cuidado de distinguir um e outro desses aspectos: o movimento do sujeito rumo à substância – movimento pelo qual, aparentemente, as consciências e o espírito *fazem* a história – e depois o movimento da substância rumo ao sujeito – movimento pelo qual o espírito descobre que a história tem um sentido determinado, substancial, e que é quando esse sentido se manifesta ao espírito que este realmente se torna livre. É claro que agem sobre nós ao mesmo tempo que atuamos, somos objetos e sujeitos da efetivação das coisas, mas em que o fato de *compreender* ou de escutar essa efetivação objetiva e subjetiva permite *agir concreta* e livremente sobre esse processo?

No esquema ao lado, o corte horizontal que tracei com a linha tracejada distingue os dois grandes movimentos que acabaram de ser tratados: o movimento pelo qual o indivíduo ou a consciência se realiza na história, na substância, e o movimento pelo qual a história ou a substância vem ao indivíduo, se realiza em sua consciência. O primeiro movimento é histórico-cultural, o segundo artístico-religioso. O movimento histórico-cultural desvela, na e pela história, o devir da consciência individual, seu encontro com as outras consciências, sua relação com o social, com a ética, a moral e o próprio direito. Com isso, ele nos leva até a porta de um outro livro de Hegel, os *Princípios da filosofia do direito*, que resumirei brevemente neste capítulo. Com o segundo movimento da *Fenomenologia* começará a terceira e última parte deste livro. O segundo movimento corresponde, com efeito, ao espírito que Hegel chama "absoluto", ou seja, corresponde aos três momentos formados pela arte, pela religião e pela filosofia. Na *Fenomenologia*, é incontestavelmente a religião que ocupa o lugar mais importante entre os três. Mas são consideráveis os ensinamentos da *Enciclopédia das ciências filosóficas*, que equilibram melhor os três componentes;

são muitos também os esclarecimentos trazidos por Hegel em suas lições na Universidade (sobre estética, filosofia da religião e história da filosofia). Afastando-me um pouco da *Fenomenologia* farei, na terceira parte, um apanhado geral do estatuto das artes, das religiões e das filosofias segundo Hegel.

Voltemos, pois, às primeira etapas da *Fenomenologia*, ou seja, ao movimento da consciência rumo à substância.

A *consciência*

A experiência imediata de que parte a *Fenomenologia* é a de uma consciência *ligada indissoluvelmente a seu objeto*. Esse objeto será inicialmente apreendido de maneira puramente sensível (I. A certeza sensível), depois percebido como um conjunto de qualidades que discriminamos (II. A percepção), e enfim concebido como a ilustração, a aplicação de determinadas leis ou relações universais (III. Força e entendimento). Cada vez que a "realidade" se oferece sob uma forma sensível, qualitativa ou relacional, a consciência crê ter chegado a um mundo "objetivo" que subsiste inteiramente independente, sem a intervenção de nenhuma transcendência, sem depender de nenhuma perspectiva. Para que a humanidade, a espiritualidade, a liberdade penetrem nesse mundo substancial, será preciso que intervenha a mediação tão importante da *consciência de si* (IV). Mas essa etapa crucial da *Fenomenologia* não é verdadeiramente compreensível senão depois de se ter seguido o movimento dessa consciência do objeto que, em seu início, além de tudo, não é, propriamente falando, "consciência" (isto é, distância), mas antes abandono, distração, dispersão no fluxo de sensações.

A *certeza sensível*

Já no interior da certeza puramente *sensível* atua o círculo dialético percorrido pela lógica. Pois Hegel não se contenta em descrever essa certeza como um tipo de empirismo extremo, como um estado de confiança irrefletida na informação sensível. De fato, a sucessão de sensações as leva a se apresentar pouco a pouco sob três modos diferentes. Ela significa em primeiro lugar que somos movidos; que embarcamos; que a primazia da mudança, do devir, permanecerá para sempre. Uma etapa análoga tinha sido atravessada na lógica quando, interrogando-nos sobre o ser, fomos levados a identificá-lo com o devir. Mas, assim como na lógica, em segundo lugar, a essência tinha surgido do ser como alguma coisa independente, aqui, na certeza sensível, o fluxo de informações pressupõe um ponto fixo, um *eu* que as receba, as sinta. O *eu* senciente se põe, assim, em sua independência, mas ele não é menos arrebatado, subjugado pela variação sensível. É por isso que intervém, em terceiro lugar, um momento análogo àquele do conceito na lógica, ou seja, análogo à unificação, subjetiva e objetiva, do ser e da essência: é então a *relação* entre o *eu* senciente e o que ele sente que aparece como a chave de todas as flutuações vistas até aqui. Uma sensação não é somente função do objeto sentido nem do sujeito senciente, mas sobretudo da *maneira* pela qual o vínculo se estabelece entre os dois. Para que um arco-íris apareça, é preciso que uma certa relação se estabeleça entre as gotas de água atravessadas pela luz e o sujeito que as observa. Esse critério de compreensão da variação das sensações não é, todavia, um princípio intangível; ele deve, como sempre em Hegel, se deixar levar pelo fluxo da temporalidade, admitir a primazia do devir, reconhecendo que a própria relação sensível possui uma duração. Pensemos no tempo que gasta uma informação para chegar a nosso cérebro: durante esse trajeto, o objeto continua a evoluir em seu ritmo e, portanto, a *distorcer* o critério, a relação sensível que o uniu ao *eu*.

A *percepção*

Assim, o estado de confiança total e irrefletido que caracterizava a "certeza sensível" evolui para um estado mais crítico, ou discriminante: ainda que, em geral, a maior parte das sensações desapareça incessantemente para dar lugar a outras, acontece de algumas dentre elas serem selecionadas como representantes das "coisas" ou das propriedades subsistentes, ou seja, acontece de algumas parecerem *resistir à distorção que o tempo lhes inflige*. Nesse contexto, é a *atenção* que damos a este ou àquele aspecto da coisa sensível ou, ainda, a coação que ela exerce em nossos sentidos, que é determinante. A percepção de qualidades sensíveis subsistentes não tem, portanto, nada de estático ou de passivo; ela só tem lugar se uma certa *força* for posta em atividade com suficiente pregnância para distinguir o objeto em questão de todos os outros sensíveis. Uma propriedade sensível apenas emergirá em sua singularidade, só se *diferenciará das outras propriedades*, ao tornar-se essencial, ou seja, *sendo posta como independente*, como isolada das outras determinações sensíveis particulares. Na linguagem de Hegel, isso significa que é o *para-si* da coisa sensível que realiza plenamente o *ser-aí* dessa coisa, e mais particularmente seu *ser-para-um-outro* (a saber, o fato de ter tal determinação para outros). O objeto percebido é "para si, enquanto é para um outro, e para um outro enquanto é para si".[6] Digamos de outra maneira: o objeto percebido é, para

---

6. *Phénoménologie de l'esprit*, trad. franc. J. Hyppolite, I, p. 104-5.

Hegel, exatamente o contrário do que se entende tradicionalmente por "objeto": ele não é "alguma coisa" que é dada de uma vez, mas "alguma coisa" que só adquire sua independência e suas características particulares graças a uma certa força que lhe permite se diferenciar *em relação a outra coisa*, e *por si mesma*. Tomemos por exemplo um objeto pesado: sua qualidade de ser pesado só é percebida como tal porque uma certa força impõe a esse objeto um comportamento que o *distingue dos outros corpos* de peso diferente *e* porque, ao mesmo tempo, essa força tem *sua autonomia própria* – ela resulta de uma relação (a gravidade) que vale *por si*, no sentido de que ela não está ligada a nenhum corpo em particular, mas determina todos os corpos em geral.

Força e entendimento

Mas toda força exige seu contrário. O entendimento não pode, com efeito, impedir-se de perguntar por que, quando dois corpos se atraem mutuamente, um dos dois resiste melhor que o outro à mudança, ao movimento. A força de atração não pode ser concebida sem seu oposto ou seu complemento, a "força" de inércia. O entendimento é, pois, levado a tratar o fenômeno da queda ou do peso tanto do ponto de vista da atração quanto do da repulsão, do ponto de vista da ação como do da reação. Assim, a verdade de todo fenômeno só aparece quando se leva em conta o jogo de *todas* as relações e de *todas* as forças que intervêm, sejam diretas ou indiretas, ativas ou reativas. Este é o estágio último da consciência de objeto, o estágio do entendimento. Agora são as *leis* abstratas ou formais (por exemplo, a lei da gravidade) que são supostas como resumindo as relações que fazem os fenômenos. Mas é óbvio que todos os fenômenos sensíveis não se reduzem facilmente a uma lei, e que o entendimento estará, pois, empenhado na busca sem fim de leis jamais acabadas, sempre reiniciadas. Assim, partindo da certeza *sensível*, chegamos ao *supra-sensível* da lei, um supra-sensível que não se limita a alguma lei fixada de uma vez por todas, mas que abre a consciência a uma infinidade de relações fluidas, móveis, vivas.

Da consciência à consciência de si

O breve resumo que acabou de ser feito das três primeiras seções da *Fenomenologia* deveria contribuir para lançar novas luzes sobre a grande passagem que se anuncia, a transição da consciência de objeto à consciência de si. Essa passagem é crucial, porque traduz particularmente bem a amplitude, a profundidade do que Hegel chama de superação do imediato. Tem-se uma idéia disso já na lógica, pela passagem do em-si ao para-si, e depois, novamente, do ser à essência. Resta ver o que isso significa para o homem (IV. Consciência de si), depois, a superação se redobrando, o que significa para o humano (VI. Espírito) e, enfim, o que implica para o espírito concebido não mais em geral, mas em sua dimensão eminentemente concreta (VIII. Saber absoluto). A lógica já iluminou a questão de que entre o ser em-si e o **ser** para-si é preciso intercalar o ser-aí. Vamos ver agora em que essa etapa intermediária do ser-aí torna a passagem da consciência de objeto para a consciência de si bem mais inteligível do que parece.

É precisamente o entendimento, potência de análise, de diferenciação, de discriminação dos seres-aí, que assegura a transição. Compreendendo que cada força exige seu "outro", seu oposto ou seu complementar, o entendimento percebe que essa exigência vale para *todos* os fenômenos. Assim, compreende que a consciência, ponto de chegada de todo fenômeno, é ela mesma uma força que não é somente *atraída por seu outro*, isto é, o objeto, mas que tende também a *repelir o que lhe é idêntico*, isto é, as outras consciências. Não se trata de um simples raciocínio lógico, mas de uma verdadeira mudança na maneira de ler ou de interpretar os fenômenos. O entendimento se dá conta de que, entre todas as forças que entram em jogo nas diferentes leis que governam os fenômenos, a que mais importa é a *consciência*, mas que, como as consciências se opõem entre si, não basta contemplar o mundo dos objetos para apreender sua dinâmica; é preciso doravante ler, interpretar cada fenômeno um pouco complexo de maneira radicalmente nova, colocando-se a cada vez uma questão do tipo: *quem quer o quê?* Em outras palavras, a consciência apreende a importância de seu próprio papel, de seu próprio movimento. É claro que, *objeto* do desejo e centro de atração, o "quê" tem sua importância. Mas o que prevalece doravante é a concorrência entre os desejos, entre as atrações, entre os "quem".

Assim surge a *luta* para se apropriar do objeto, o egoísmo destruidor da consciência, sua ambição, sua avidez para tomar ou destruir tudo o que lhe resiste. Vê-se aqui que a passagem da consciência de objeto à consciência de si, não mais que a passagem do ser-aí ao para-si, não ocasiona a assunção humanista de valores "bons" e "belos". Por meio do entendimento as forças de ação e reação passam dos objetos ao sujeito, mas sem aumentar por isso. Mal nos acreditamos liberados do fluxo impiedoso das coisas, mal acreditamos ter tomado a medida da lei última ou das relações fundamentais do mundo fenomênico, eis que somos surpreendidos pelas paixões. Não para nos levar para trás, mas para nos carregar mais longe, para nos fazer descobrir uma complexidade maior, uma realidade mais profunda. Para o entendimento que não tinha dado esse passo, a atração de uma coisa equivalia simplesmente à repulsa de seu contrário ou de seu oposto:

amar um bem levava a detestar o mal que lhe era oposto. Mas, tendo dado o passo, percebemos que as coisas são bem mais complexas: a força de invenção da consciência é tal que a atração por uma coisa pode tomar uma natureza completamente diferente da repulsa por seu contrário. Um amor pode ser bem mais poderoso que um ódio, e o inverso é igualmente verdadeiro. É aqui que atua o divórcio mais fundamental em relação à filosofia de Kant. Até aqui o início da *Fenomenologia* seguia quase nas minúcias as reflexões de Locke, de Leibniz, depois as de Kant sobre a maneira pela qual a consciência opera, uma vez que esta era sucessivamente empirista (certeza sensível), relacional (seleção de propriedades), depois legisladora (força e entendimento).[7] Mas o que os predecessores de Hegel parecem não ter compreendido é que essa consciência, quando reflete sobre si mesma, se emancipa absolutamente de seu objeto, se desliga radicalmente das condições mesmas de sua própria efetivação, de seu exercício próprio. Para o empirista Locke, como aliás para o "racionalista" Leibniz e, também, para o próprio Kant, a consciência *não podia* derrogar as leis que governam

---

7. Para o empirista Locke, "não surge nenhuma idéia na alma antes que os sentidos a tenham introduzido... O espírito é, a esse respeito, puramente passivo" (*Ensaio filosófico sobre o entendimento humano*, 1690, II, cap. 1, § 23 e § 25). O "racionalista" Leibniz considera, ao contrário, que "a alma, e mesmo o corpo, jamais está sem ação, e a alma jamais está sem alguma percepção" (*Reflexões sobre o Ensaio sobre o entendimento humano do senhor Locke*, 1693). Segue daí que cada alma é uma *relação* singular de atividade e passividade, relação que exprime "a série inteira do universo". Mas, se buscarmos em que consiste mais precisamente essa relação, dirá Kant, "descobrimos que ela nada mais faz que tornar necessária a ligação das representações de uma certa maneira e submetê-las a uma regra" (*Crítica da razão pura*, 1781, 1787, segunda analogia da experiência, A 197, B 242). A crítica kantiana tenta, assim, conciliar racionalismo e empirismo: os objetos são muito bem *dados* pela sensibilidade, mas só podem ser *pensados* pela intervenção da "faculdade das regras" que é o entendimento.

seu surgimento; ela *não podia* escapar às "condições de possibilidade" de seu funcionamento. Hegel balança esse preconceito: é verdade, em certo sentido, que o entendimento ou toda consciência de *objeto* em geral, enquanto presa às relações universais do mundo, não pode escapar a isso; mas isso não é verdadeiro para esta consciência *de si*, da qual todo o trabalho consiste precisamente em se retirar do mundo, entrar em luta com os outros, descobrir-se capaz de negar tudo, relativizar tudo, reinventar tudo, inclusive a si mesma. Claro que essa consciência permanece enraizada em um mundo biológico – e também, como se verá mais tarde, na cultura e na história humanas. É claro que ela jamais cessa de depender de relações vivas, relações que o entendimento busca sempre compreender, às vezes até com sucesso. Entretanto, o próprio dessa consciência é refletir sobre si mesma como capaz de independência, de autonomia, nem que seja negando-se ou suprimindo a si mesma. Por ela o homem se descobre como um ser de iniciativa; não mais como simples ser de reação, observador ou calculador das leis de natureza, mas ator, combatente, lutador. Para esse homem, a verdade não é mais o outro de si mesmo (sensações, percepções, leis), mas a infinidade de seu próprio poder de negação, revelado pela dialética do entendimento. É importante notar, portanto, que foi o entendimento, sua negatividade infinitamente ativa, que permitiu a transição da consciência para a consciência de si, ou, antes, o alargamento da dialética da diferença para um regime mais vasto do que aquele da simples objetividade, isto é, o da relação entre as "consciências de si". A superação da imediatez da consciência é *tudo* isso, mas é *apenas* isso: o entendimento logo mostrará toda sua fraqueza, e a luta todos os seus inconvenientes.

Dominação e servidão

O tema hegeliano da luta, do afrontamento das consciências, deixou marcas, primeiro na ideologia marxista, depois entre os comentadores franceses da *Fenomenologia*. Do lado marxista, a luta de classes é considerada o principal motor da história e um dos fatores mais importantes da emancipação do homem. Do lado francês, Alexandre Kojève se dedicou durante os anos 1930 a um extraordinário comentário da *Fenomenologia*[8], realizado na École Pratique des Hautes Études diante de pensadores como Jean Wahl, Maurice Merleau-Ponty, Jean-Paul Sartre e Jacques Lacan. Esse comentário insistia particularmente na importância da dialética do "senhor e do escravo", considerando que o escravo é o principal beneficiário, o verdadeiro vencedor, porque seu combate, mais profundo que o do senhor, o torna verdadeiramente livre.

> Em seu estado nascente, o homem não é jamais simplesmente homem. Ele é sempre, necessária e essencialmente, ou Senhor, ou Escravo [...] No fim das contas todo trabalho servil realiza não a vontade do Senhor, mas – de início inconscientemente – a do Escravo, que – finalmente – é vitorioso onde o Senhor – necessariamente – fracassa. É pois a Consciência, no começo dependente, servidora e servil, que realiza e revela, no fim das contas, o ideal da consciência-de-si autônoma, e que é assim sua "verdade".[9]

---

8. A. Kojève, *Introduction à la lecture de Hegel. Leçons sur la Phénoménologie de l'esprit professées de 1933 à 1939 à l'École des Hautes Études*, Paris, Gallimard, 1958. [Ed. bras.: *Introdução à leitura de Hegel*, trad. Estela dos Santos Abreu, Rio de Janeiro, Contraponto, 2002.]
9. Ibidem, p. 15 e 33.

Não é exagero dizer que essa visão de Hegel influenciou profundamente toda uma geração de filósofos franceses ligados ao "existencialismo humanista". O fato de que a luta das consciências tenha tal peso aos olhos dos comentadores não tem nada de espantoso; é a primeira vez, com efeito, que Hegel ilustra de maneira tão concreta o verdadeiro salto dado por sua filosofia em relação a todas aquelas que a precederam; se a reflexão nos desliga das leis que nos governam, é antes de tudo porque ela fixa as condições concretas de nossa existência pela tomada de consciência daquilo que *se opõe a nós*. Não se trata, pois, de negar a importância primordial da luta, ou do combate. Mas pode ser útil restabelecer certas nuanças, pois o momento particular da "dialética do senhor e do escravo" foi tantas vezes utilizado, esquematizado, serviu para exemplificar tantas coisas, que se esquece às vezes a letra do texto e o contexto.

De início, Hegel não diz em lugar nenhum que o senhor escolheu o "mau" caminho e o escravo o "bom". A seqüência do movimento mostrará, além de tudo, que não se vai assistir a uma simples "reviravolta" pela qual o escravo se torna senhor e o senhor, escravo. Em seguida, Hegel não fala tanto de senhor e escravo quanto de dominação e servidão e, antes disso, de independência e dependência da consciência de si. Isso significa que a "luta" que se realiza aqui não tem necessariamente a intervenção de *várias* pessoas singulares, e pode muito bem dizer respeito a um só indivíduo tomado na dualidade, a "duplicação"[10], como diz Hegel, de sua consciência quando ela reflete sobre si mesma.

Em que consiste essa duplicação? Consiste no fato de que a consciência, refletindo sobre si mesma, percebe que

---

10. *Phénoménologie de l'esprit*, trad. franc. J. Hyppolite, I, p. 155.

ela só é ela mesma na medida em que é *reconhecida* como tal por um outro. Esse outro que, ao me reconhecer, vai garantir minha própria permanência, pode realmente ser exterior a mim, mas pode também fazer parte de minha interioridade (diríamos hoje que ele pode ser o Pai, a Lei, a Sociedade, mas também a Mãe, a Alegria, o Prazer...). A questão toda está em saber, pois, quem, o "outro" ou "eu", vai se fazer reconhecer em primeiro lugar como ser *livre*, isto é, não somente como uma coisa que vive, uma coisa animada por determinada força, mas como uma coisa capaz até de *negar a vida*, de sacrificar a própria vida para continuar a ser o que ela é. É nesse sentido que se pode falar em luta até a morte engendrada pelo egoísmo destruidor da consciência. A consciência tem absoluta necessidade do outro como meio para ser e, para obter essa sujeição, esse reconhecimento, ela é capaz de ameaçar quem quer que se oponha a seu projeto, inclusive a si própria, pois, é preciso lembrar ainda uma vez, essa luta pode ser exterior, mas também interior: um só indivíduo pode chegar a se suprimir se o outro nele não o reconhecer em sua liberdade de ser o que ele é.

Mas qual é, então, a solução, se essa solução depende do outro e o outro é por definição aquilo que eu não domino? Na verdade, três vias se apresentam à consciência. Ela pode antes de tudo correr o risco de se tornar senhor do outro. Correr o risco, portanto, de morrer, pois golpeia o que o outro tem de mais caro, aquilo pelo que está disposto a dar sua vida. Ela pode correr o risco, portanto – e vencer. Essa é a primeira via, a via seguida pelo senhor. Pode-se também correr o mesmo risco – e fracassar, ou seja, morrer ou abdicar. Essa é a via de uma obstinação (*Eingensinn*) que, contrariamente à do senhor, se revelou má, estéril.[11] A consciência pode, enfim, escolher não

---

11. *Phénoménologie de l'esprit*, trad. franc. J. Hyppolite, I, p. 166.

correr o risco de morrer, escolher viver reconhecendo a liberdade do outro sem impor a sua própria, reconhecer, pois, o direito do outro de ditar a lei para ele. Esta é a via do escravo ou da servidão.

Lembremos mais uma vez que essas três vias que estão prestes a se abrir diante de nós não se encarnam necessariamente em consciências exteriores uma à outra, podendo muito bem caracterizar um só e mesmo indivíduo. Essa observação não vale apenas para a figura do senhor e do escravo; ela se aplica a todas as figuras em geral, na medida em que cada uma reitera em seu nível o movimento lógico do para-si. O para-si, já vimos[12], não é um *valor* ou um ponto fixo, mas uma *função* que se exerce por vezes em todos os objetos que ficam sob sua ação. Se é verdade que Hegel recorre freqüentemente a um exemplo histórico, literário ou religioso para *ilustrar* a forma concreta da negatividade em atividade em uma figura, esta última não é jamais um *nome próprio* ligado a determinada pessoa ou determinado grupo, nem a um certo tipo de atividade. A figura é um *qualificativo*, um epíteto suscetível de caracterizar ou de esclarecer, sob determinada luz, *não importa qual* situação. Segue-se que o processo, regularmente reconduzido ao encontro de Hegel, segundo quem ele travestiria as "realidades" que descreve (ciência mal compreendida, filosofia chinesa caricaturada, religião judaica desumanizada, história da arte simplificada, etc.), esse processo erra de leve seu alvo, porque esquece que nenhuma "realidade" é *dada* por Hegel, senão de maneira abstrata e indeterminada. A *Fenomenologia* não classifica nada, não cerca os seres, os pensamentos ou as ações. Cada figura se encontra em cada um. Reconhecer a si mesmo ajuda o homem a se olhar, a compreender de maneira nova o sentido de suas ações e suas percepções.

---

12. Ver, neste livro, p. 32.

É possível, portanto, haver um senhor, um escravo e, sem dúvida, uma má obstinação em cada um de nós. Vejamos aonde nos levam as duas principais vias, a da dominação e a da servidão.

O senhor correu o risco de morrer para que fosse reconhecida, por um outro, a transcendência de sua liberdade, seu caráter absoluto. O fato de ter tido sucesso e de, assim, ser reconhecido por *outro* como *para-si* lhe permite alcançar uma forma de *em-si-para-si*. Ele agirá conseqüentemente. Ou seja, será capaz de mediatizar tudo, o mundo e os indivíduos escravos. Todos serão reduzidos ao estado de instrumentos de seu próprio projeto ou de seu *próprio sentido* (*eigne Sinn*), como diz Hegel. Daí a faculdade do senhor, que é também seu talento, de ordenar, administrar, se apropriar das coisas e dos seres. Mas seu problema vem do fato de gerenciar doravante aquilo de que se apropriou, aquilo através do que apreendeu seu "sentido próprio", de maneira bem mais fácil ou preguiçosa, contrariamente ao escravo, que só chegará a isso ao termo de um longo trabalho. Dito de outra maneira, o senhor não considera sua situação de senhor como um meio, mas como um fim, que não requer, por isso mesmo, nenhuma mediação:

O que ele faz com o outro, não faz consigo mesmo.[13]

Recusando mediatizar seu próprio para-si, vive doravante para a satisfação imediata, não para a preparação ou para a realização dessa satisfação.

---

13. *Phénoménologie de l'esprit*, trad. franc. J. Hyppolite, I, p. 163. O senhor está, no fundo, como se compreenderá mais adiante ao abordarmos o espírito absoluto, na situação de alguém que teria feito sua *religião* sem passar pela *arte*, ou seja, sem ter construído seu "sentido próprio" passando pelo trabalho da forma.

O escravo está muito menos avançado, no ponto de partida, no processo da dialética. Ele não ousou correr o risco de morrer. Abandonou toda exigência de transcendência em relação a seu ser-aí. Não somente cedeu ao medo, mas, mais que isso, se encontra agora quase confortado de ser governado, escorregando pouco a pouco para uma forma de negligência, de desinteresse, e até de irresponsabilidade. Sua interioridade está manifestamente vazia de qualquer projeto pessoal, pois se ele já reconheceu o senhor, foi apenas o medo que o forçou a isso. Esse medo de perder este ou aquele bem particular o leva também a desenvolver com paciência, com constância, com uma obstinação puramente formal, uma habilidade particular útil ao senhor, que só será reconhecida como tal na medida em que presta serviço a esse senhor. Estado de servilismo absoluto: a totalidade do ser-aí consciente do escravo, o conjunto de suas habilidades particulares, só valem do ponto de vista daquele a quem ele serve. Essa estranheza do para-si, esse olhar do senhor para suas obras e para ele mesmo, que o escravo tem o dever de integrar, é certamente seu sofrimento, mas também sua sorte. Pois é sendo perpetuamente conduzido pelo senhor em seu dever-ser, é estando constantemente confrontado com a exigência de corresponder melhor às expectativas dele, que o escravo chegará pouco a pouco a se exercitar, a se aperfeiçoar no estudo da diferença entre o que o senhor *quer* e o que ele próprio, escravo, *faz*. Assim surge e se desenvolve seu próprio trabalho de negatividade, que engendrará "virtudes" ou talentos específicos. Surge, antes de tudo, a preocupação com a justiça, pois o estudo do que seu senhor *quer* evolui para estudo do que ele *deveria querer*. Desenvolve-se, em seguida, a invenção e a criatividade, pois o escravo aprende a reconhecer o que no produto de seu próprio trabalho não é nem esperado nem exigido pelo outro. É, portanto, seu trabalho e, mais precisamente, a diferença entre o produto de seu trabalho e as expectativas do senhor, que o leva pouco a pouco a se reconhecer como pessoa, como *para-si* – mas um para-si que não tem nada de formal, pois, ao contrário do senhor, a liberdade que ele constrói para si não será jamais reconhecida pelo outro como subsistente *em-si*, mas antes como *se exercendo* em e sobre o mundo.

A liberdade da consciência de si

A liberdade não é uma coisa em si, um título que pode ser atribuído a um e retirado de outro. A consciência submissa, contrariamente à consciência dominante, descobriu essa verdade. Entretanto, essa tomada de consciência se operou de maneira ainda muito imediata, coagida pelo curso das coisas ou pela relação de forças que comprimia o escravo.

O estoicismo

Nessa perspectiva a *consciência estóica* atravessou uma nova etapa em relação ao estado de servidão: saindo liberada da luta contra o que a dominava, ela afirma sua independência radical em relação a todo em-si, a toda condição dada ou imposta ao homem. Mas ela faz isso de maneira bem mais radical, mais abstrata e formal, ou seja, defendendo um retrato puro e simples na interioridade, sob pena de se deixar acorrentar ao mundo.

O ceticismo

A *consciência cética* não teme esse acorrentamento. Levando mais longe a negatividade crítica, ela não nega somente o caráter essencial do mundo, mas sua legitimidade em geral: em que as coisas nos acorrentam? Com que direito elas podem nos impor o que quer que seja? Mais que isso, com que direito se atribuem esse direito? Este é o segundo tempo do ceticismo, o tempo que coloca em questão toda legitimidade em geral, inclusive a do para-si. Pela força de se liberar, de se desacorrentar do todo, a consciência chega, portanto, a negar a si própria. Ela se descompromete não apenas do mundo (estoicismo), mas também de si mesma (ceticismo); aplicando a si mesma seu poder de negação, ela parece ser aspirada em "um imbróglio contingente, a vertigem de uma desordem que se engendra sempre":

> Essa consciência é portanto esse disparate inconsciente que oscila perpetuamente de um extremo, a consciência de si igual a si mesma, a outro, a consciência contingente, confusa e geradora de confusão. Ela mesma não consegue reunir esses dois pensamentos de si mesma; ela conhece sua liberdade uma vez como elevação acima de toda a confusão e de toda a contingência do ser-aí; mas na vez seguinte ela confessa a si mesma que cai novamente no inessencial e que só tem relações com ele.[14]

Apesar dessa aparente desordem, apesar dessa oscilação entre afirmação e negação de si, na realidade a consciência acabou de dar um passo decisivo. Sua experiência do inessencial ou do relativo (ceticismo I), assim ampliada a si mesma (ceticismo II), volta a afirmar, ou a reconhecer, *a relatividade universal de tudo o que é*: negando tudo, até seu próprio para-si, o ceticismo reconhece de fato a vitória de um certo *em-si*, que é a *relatividade*. Então pode surgir o último momento, eminentemente positivo, pelo qual se realizará concretamente a consciência de si.

---

14. *Phénoménologie de l'esprit*, trad. franc. J. Hyppolite, I, p. 174-5.

A *consciência infeliz*

Foi o momento da consciência infeliz que, como a dialética do senhor e do escravo, tanto inspirou o existencialismo francês. Licitamente, poder-se-ia dizer, já que a falta, a inquietude, o dilaceramento, pelos quais essa consciência se define, exprimem perfeitamente uma boa parte de nossa relação "existencial" com o mundo. Mas o importante é ver, sobretudo, em que essa "infelicidade" *realiza* plenamente a consciência de si, constituindo sua unidade e verdade.

Até agora a consciência errava sem cessar de um extremo a outro, ora imitando a liberdade do senhor à maneira estóica, ora exercendo o trabalho negativo do escravo à maneira cética. Mas ela sempre volta a essa eterna, a essa imutável evidência: o sentido profundo de sua relatividade, da relatividade em geral, lhe escapa radicalmente. É a religião judaica que, segundo Hegel, ilustra melhor esse momento em que o fracasso, a negatividade, aparece realmente como princípio motor da consciência. O Deus dos judeus, Deus que Hegel chama também de o "primeiro imutável", é inacessível. Ele não cessa de se esquivar incessantemente ao contato, à compreensão dos homens, e, assim, os faz descobrir que a consciência é fundamentalmente experiência da falta ou do dilaceramento.

Surge, então, o segundo momento da consciência infeliz, ilustrada desta vez pelo papel desempenhado por Jesus na religião cristã: trata-se de tentar dar a Deus uma figura concreta e singular, trata-se de experimentar restabelecer o contato, a comunicação entre o homem e Deus. Deus, ou a relatividade essencial, apresentar-se-ia à consciência humana através da imediatez do sentimento religioso, do impulso de amor comunicado por Jesus a seus discípulos. Mas o *sentimento profundo* dessa relatividade nos é entregue *nesse contato mesmo*? Pensar isso é se condenar a uma nova busca, análoga à das Cruzadas, que partiram em busca do sepulcro de Cristo, busca mágica e fetichista de um contato imediato ou "físico" com o divino. Uma vez mais chega-se rapidamente ao fracasso. Mas é uma forma de fracasso diferente do precedente: a consciência não se perde mais entre duas atitudes formais e abstratas, entre a negação e a afirmação de si. Ela tenta agora se salvar pelos fatos, por um conteúdo, por uma experiência singular, e, ao fazer isso, descobre sua fragilidade efetiva.

As condições são, então, reunidas para que o terceiro imutável apareça, ou seja, não mais o Pai, inacessível, não mais o Filho, que foi tão próximo, mas o Espírito Santo, que só se apresenta pela experiência da fragilidade, através de circunstâncias precárias, imprevisíveis, de grande proximidade, como o encontro com outro ou a comunhão universal. Experimentando assim sua fragilidade de maneira universal e singular em *cada* encontro com o *outro*, a consciência de si alcança enfim sua verdade: a menos que abandone sua liberdade à graça ou à providência, a menos que abandone sua vontade própria pela vontade do todo, a menos, pois, que siga a via do clero, sua essência é, e permanecerá, a de escapar de si mesma. Ela buscará sempre o sentido dessa relatividade sem jamais encontrar; ela sempre verá o mundo se furtar a suas aspirações (primeiro imutável, momento de "passividade") e nem por isso deixará de tentar apreendê-lo (segundo imutável, momento de "atividade"). A consciência de si é o processo de união do homem com o mundo, processo jamais acabado, sempre entravado. Com isso Hegel dá um grande passo rumo à unificação daquilo que se tem o costume de opor pura e simplesmente, a saber, o "pensamento" e a "realidade". Seu argumento não é de ordem "subjetiva" ou "humanista": não é que a realidade corresponda de alguma maneira às aspirações do homem.

Ainda mais porque ela é exatamente o *outro* do sujeito, ela reúne por essa caracterização mesma um dos principais traços da atividade do sujeito – para dizer a verdade, aquele que, por essa razão mesma, se revelará o mais real, o mais concreto –, ou seja, sua atividade de (se) *negar* ou de (se) tornar *outro*: aquilo que penso, que vejo, que faço, depende de mim, mas sempre escapa a mim. É essa a minha racionalidade primeira, aquilo que faz de mim ao mesmo tempo um ser livre para negar as coisas e para transformá-las, e um ser necessitado, como todos os outros, pelo fluxo incessante do ser ao nada e do nada ao ser. Assim, a "infelicidade" da consciência de si, a falta ou a ausência que ela não deixa de experimentar, levam essa consciência a se identificar com a realidade, ou, antes, com a efetividade: nossa "infelicidade" é em certo sentido a mesma que a do ser; ele também não deixa de se abismar no devir, de se perder, e, assim, de escapar de si mesmo.

A razão

Chegamos, pois, a um momento muito particular, momento no qual a consciência reflete sobre sua identidade com o real. Hegel dá um nome a essa nova etapa; ele a chama *razão*. Essa razão que reflete sobre sua identidade com o real, uma vez dada sua negatividade comum, deve ser radicalmente distinguida da racionalidade "clássica" em geral, porque essa última está fundada, ao contrário, sobre a ausência de negatividade, ou seja, sobre os princípios de identidade e de não contradição. O "racionalismo" de Hegel – que se traduz manifestamente pela famosa frase já comentada[15] segundo a qual "o que é racional é efetivo e o que é efetivo é racional" –

---

15. Ver, neste livro, p. 60.

aparece aqui de forma nova: ele não significa a supremacia de um entendimento legislador ou classificador, mas antes a supremacia da negatividade em geral, que sirva à colocação dos fenômenos sensíveis ou dos que ela manifesta em leis e em relações, tanto quanto o perpétuo fracasso de um tal percurso, aliás, sempre recomeçado. Tendo partido de uma consciência presa ao *em-si*, vimos essa consciência negar a si própria ao refletir sobre si mesma, ou seja, ao passar ao *para-si*. Assistimos agora à negação da negação, isto é, ao retorno do *para-si* ao *em-si*. Mas esse retorno não é pura e simplesmente uma marcha a ré. Ele permite descobrir a realidade sob um aspecto novo, como uma coisa que evidentemente se observa ou de que se tem consciência, mas também como alguma coisa na qual a consciência tem uma função, desempenha um papel ativo. Para retomar os termos de Hegel, a realidade é a exteriorização efetiva (*Entäusserung*) da consciência de si. Isso quer dizer que ela se oferece a nós como um processo que certamente podemos apreender do exterior (será o momento da razão observadora), mas que ao mesmo tempo não é distinto de nosso próprio devir (será o momento da razão ativa ou operante). A razão vai descobrir o mundo não apenas como lugar de alteridade, mas como lugar de transformação.

A razão observadora

Primeiramente o mundo é somente lugar de alteridade, objeto de observação que se oferece à razão, o que evoca mais uma vez, como fazia o fim da *Ciência da lógica*, o tema da *natureza*. Todavia, essa natureza não é mais vista em seu aspecto lógico, mas em sua *fenomenalidade*, isto é, tal como a apreende uma consciência doravante informada não somente da negatividade nas coisas, mas também de seu próprio poder de anulação. A razão se mostra, pois, capaz de reencontrar sua própria negatividade na descrição que ela dá da natureza. Percorramos rapidamente as principais etapas dessa descrição. Buscando a negatividade agindo na natureza, a razão observadora começa por separar os mundos inorgânico e orgânico: o primeiro não transforma a si mesmo (tem necessidade, para isso, de forças exteriores a ele), ao passo que o segundo tem seu movimento interior, sua alma ou seu princípio de animação próprio. Mas como apreender essa alma quando se a aborda do exterior? A razão observadora bem que queria penetrar o mistério, apreender o princípio dinâmico. Na passagem do século XVIII para o XIX, certos "eruditos" tentam introduzir novas "ciências" que aplicariam as técnicas de observação da natureza à alma humana: descobrir a verdade de um ser vivo, determinar sua "psicologia" analisando por exemplo as formas de seu corpo (fisiognomia de Lavater) ou as de seu crânio (frenologia de Gall).[16] Mas Hegel constata que esses dados que se oferecem à observação dão realmente poucas informações sobre a maneira pela qual se efetua e evolui a união do interior e do exterior ou da alma e do corpo. Se algumas vezes elas nos informam sobre as aspirações, as intenções e as disposições do homem diante do mundo, em todo caso não dizem nada sobre o que o homem efetivamente *faz*. Também a razão observadora é levada

---

16. *A arte de conhecer os homens pela fisiognomia*, do escritor e teólogo suíço Johann Kaspar Lavater (1741-1801), foi publicado entre 1775 e 1778. Condenado por muitos cientistas da época, a obra foi aplaudida por poetas e pensadores "pré-românticos" como Herder, Jacobi e Goethe, que viam nela um signo da correspondência entre a constituição natural dos homens e sua sensibilidade profunda. Os românticos receberam igualmente bem o livro de Franz Joseph Gall (1757-1828) sobre as *Funções do cérebro* (1808), que tenta determinar "as disposições morais e intelectuais dos homens e dos animais pela configuração de seu cérebro e de sua cabeça".

a buscar em sua atividade *própria* a verdade das coisas. Ela se torna *razão operante*.

A *razão operante*

Apreender o mundo como lugar de transformação, como espaço que se oferece a nossa ação, tendo consciência de que ele está aí *para nós*, é antes de tudo apreendê-lo sob o modo da *alegria*, do prazer. Não se deve confundir essa primeira etapa da alegria com a do egoísmo destruidor que marcava o início do desenvolvimento da consciência de si. Agora a consciência superou sua "infelicidade"; ela não declara mais guerra às coisas, ela as possui, nutre-se delas. Hegel ilustra esse primeiro momento da razão operante pela figura literária do *Fausto*[17], que pretende satisfazer a infinidade de seu desejo se apropriando do mundo. Levar a vida como se colhe um fruto maduro, desprezar a ciência e o entendimento, gritar com Fausto: "pare, instante!". Evidentemente uma tal tentativa só pode falhar em seu objetivo: Fausto se sujeita ao destino sem nem mesmo sofrer verdadeiramente por seu fracasso, uma vez que permanece preso a essa primeira atitude.

Karl Moor, o herói de *Os bandoleiros* de Schiller[18], ilustra a etapa seguinte. As coisas, já aprendemos, não

---

17. Esse poema dramático de Goethe (cuja primeira parte foi publicada em 1806, e depois em 1832) se inspira em uma antiga lenda popular que concentra toda a tensão inerente à condição humana: para alcançar o que estima ser o bem, ou o melhor, para fruir de um poder e de um conhecimento ilimitados, Fausto aceita se entregar ao mal vendendo sua alma a Mefistófeles. Incentivado por seu demônio, obtém o amor da bela Margarida, mas logo a abandona com sua criança. Desesperada, Margarida assassina seu próprio filho e expira nos braços de Fausto. A segunda parte, posterior à *Fenomenologia do espírito* (1807), mostra Fausto finalmente escapando à empreitada do diabo.

18. Friedrich von Schiller (1759-1805) era muito amigo de Goethe e foi com ele um dos principais agentes do *Sturm und Drang*, o movimento literá-

estão a nossa disposição. Mas só depende de nós formá-las, modelá-las à imagem de nossos sentimentos. Karl Moor é uma espécie de Robin Hood. Vingador das injustiças, pretende impor sua "lei do coração" ou do "sentimento" à hierarquia social; pretende refazer o mundo, fazer justiça se elevando acima das leis, muito injustas. Mas isso é esquecer que a hierarquia social também tem suas razões, sua necessidade em si e para nós. Há razões para se impedir um crime, mesmo quando este obedece à lei do coração. Como essas razões são de ordem coletiva ou social, parece que será preciso, caso se queira modelar as coisas, renunciar a qualquer interesse individual, se colocar a serviço somente da universalidade.

Esta é a escolha da virtude, encarnada pela atitude de *Dom Quixote*[19], que sacrifica até sua própria pessoa para tentar salvar a ordem do mundo, os valores perdidos da cavalaria de antanho. O que impressiona nesse terceiro e último momento da razão operante é que a qualidade da *virtude*, em geral bastante valorizada, aparece aqui como um momento desencarnado, abstrato, separado de sua fonte individual e singular. Dom Quixote tem apenas uma *revolta* em relação às realidades de seu tempo, mas não briga com elas. Ele é incapaz de assumir concretamente

---

rio alemão pré-romântico que opunha o gênio e a sensibilidade ao racionalismo das Luzes. *Os bandoleiros* é sua primeira obra dramática (1781). Nela vemos Karl Moor, vítima da perfídia de seu irmão, deixar definitivamente a casa familiar para se engajar em um grupo de bandoleiros. Ele tenta aperfeiçoar o mundo a sua maneira, mas fracassa, e termina por se suicidar depois de ter feito seu pai morrer de desgosto.

19. A obra-prima de Cervantes (publicada em Madri em 1605 e 1615) foi muitas vezes apresentada como as aventuras tragicômicas de um senhor que, tendo perdido o sentido de realidade de seu tempo, defende incansavelmente seu ideal cavalheiresco de justiça, de amor e de fidelidade a sua "Dulcinéia del Toboso". Mas ele simboliza também o esquecimento de si, a superação do ridículo individual visando promover certos valores "universais" deixados pela história ou pela tradição coletiva.

sua responsabilidade, incapaz de transformar seu desejo de universalidade em projeto individual coerente. Em vários trechos de sua obra, Hegel insiste no fato de que essa fissura entre a experiência individual e a exigência de universalidade caracteriza especificamente nossa modernidade, ao passo que a Grécia clássica, "bela totalidade ética", tinha gerado as condições históricas de uma "idade heróica", nas quais um indivíduo podia servir ao universal permanecendo fiel a si mesmo. Diante da cidade, o indivíduo assumia até o fim as conseqüências de seus atos. Hoje, diante da sociedade, ele afirma a pureza de suas intenções e incrimina a dureza do "sistema":

> Em sua solidez e totalidade autônoma, o caráter heróico [grego] não consente em entrar na divisão dos erros, ele não entende nada dessa distinção entre as intenções subjetivas e o ato objetivo acompanhado de suas conseqüências, enquanto hoje todos chamam o outro, censurando as complicações e as ramificações da ação dele, afastando de si a culpabilidade tão longe quanto possível.[20]

Assim, hoje, os "valores" universais, o "bem comum", não nos aparecem mais como alguma coisa segura, uma coisa dada de uma vez por todas, que bastaria que cada um defendesse em seu nível. Quando algumas vezes acreditamos tê-los agarrado, é para logo nos descobrirmos, pobres Dons Quixotes, em luta com moinhos de vento. Mas não é preciso lamentar a idade grega heróica ou o universal e o singular que fazem a totalidade. Se o universal é hoje atravessado por negatividade, se o indivíduo não se reconhece nele imediatamente, é porque seguiu seu próprio desenvolvimento histórico, o qual deveremos

---

20. *Esthétique*, trad. franc. P. Zaccaria, col. Le Livre de Poche, 1997, I, p. 265.

refletir através do *espírito*. A razão deve, portanto, se tornar *espírito*, abrindo-se para a *história*. Em outras palavras, ela deverá enxergar o outro e o mundo não mais do ponto de vista de um só indivíduo, mas do ponto de vista de uma coletividade, de um povo, de um estado de espírito ou de uma cultura.

Tendo chegado a isso, insistamos sobre a significação do fracasso de Dom Quixote: a justo título ele colocou em evidência a necessidade de se voltar para o outro, para *os* outros, portanto, para o universal. Mas ele não compreendeu que esse universal não podia ser um objeto exterior ao indivíduo, um objetivo evanescente, uma "Dulcinéia del Toboso" sempre fantasmagórica, jamais encontrada. O indivíduo deverá encontrar o universal *em si mesmo*, e realizá-lo *por si mesmo*. "É o movimento da individualidade que é a realidade do universal."[21] Como diz Labarrière:

> Afirmação capital que nos coloca o mais longe possível da imagem tão propalada de Hegel como cantor incondicional de uma universalidade à qual o indivíduo deveria se submeter renunciando a si mesmo. De fato, invertendo os preconceitos, é preciso dizer, porque assim é a realidade, que a filosofia de Hegel é uma filosofia do indivíduo – mas de um indivíduo que deixa efetivar-se toda a amplitude de sua universalidade essencial.[22]

A *individualidade*

Hegel não poderia ter escolhido melhor para ilustrar esse indivíduo que "deixa sua universalidade essencial se efetivar", do que figuras, *personagens literárias*, heróis

---

21. *Phénoménologie de l'esprit*, trad. franc. J. Hyppolite, I, p. 320.
22. P. J. Labarrière, *Introduction à la Phénoménologie de l'esprit* [*Introdução à Fenomenologia do espírito*], Aubier Montaigne, 1979, p. 174.

singulares, é claro, mas de peças ou de romances que reúnem as preocupações, os desafios *universais* de sua época: Fausto, Karl Moor e Dom Quixote são individualidades absolutamente únicas, mas o espírito que eles carregam é universal. Compreendemos bem, portanto, o sentido da famosa afirmação de Hegel segundo a qual o indivíduo nada mais é que aquilo que ele faz. Não é preciso entendê-la como uma definição idealista, voluntarista, até mesmo humanista do indivíduo. A realidade do homem que se faz não se identifica nem ao fim (ideal) que ele persegue, nem aos meios que ele escolhe (voluntariamente), nem mesmo aos resultados concretos de sua ação. De um lado, os homens que se definem somente pelo *objetivo* que atribuíram a si mesmos são "especialistas", professores, artistas, "animais intelectuais", como os chama Hegel, que parecem inteiramente animados pelo fim abstrato, intelectual, que se puseram. Ora, evidentemente, esse fim não deixará de se esconder, ao menos parcialmente, a sua empresa. De outro lado, os indivíduos voluntaristas acreditam, à maneira da razão legisladora, fixar *ex nihilo* os *meios* de sua ação, determinar o curso das coisas por sua escolha. Mas deve-se precisar que nunca se escolhe completamente os meios de que se dispõe e que nenhum meio é sempre seguro? Enfim, o indivíduo que se define pelo *resultado* concreto de sua ação esquece que esse resultado não tem uma objetividade independente dele:

> O resultado nu é o cadáver que deixou a tendência atrás de si.[23]

Apegar-se a esse resultado é cometer o mesmo erro que o entendimento quando acredita poder examinar o

---

23. *Phénoménologie de l'esprit*, trad. franc. J. Hyppolite, I, p. 7.

mundo do exterior, apreender sua lei sem se submeter a ela. O homem só pode se definir pelo resultado de sua ação com a condição de se lembrar de que ele próprio faz parte desse resultado, como ator e como produto da história, produto de uma totalidade espiritual com a qual contribui, em seu nível, para modificar a lei.

Da razão ao espírito

A consciência está prestes a se tornar substância. Ela está apta para se alargar ao espírito do mundo, ou seja, à totalidade que forma o povo, a cultura, a história. Essa consciência que não é mais limitada ao *eu* particular, e que leva em conta os interesses, as exigências, as aspirações de um povo ou de uma cultura, Hegel a chama de *si*. O si não é nem uma coisa, nem um impessoal *se*, nem um *eu*, mas em certo sentido é os três ao mesmo tempo; ele tem a determinação, a particularidade compacta da coisa, tem a universalidade do impessoal *se*, e, sobretudo, tem a singularidade do *eu*, pois se encarna sempre e mais de uma vez em um indivíduo. Como o espírito, vai se desenvolver em três grandes momentos – o primeiro ético, o segundo cultural e o terceiro moral –, cada um dos quais se acabará, se realizará através de um determinado tipo de *si*. O *si* romano (que sucede a cidade grega) tentará uma primeira unificação entre o direito universal e o indivíduo singular; o *si* revolucionário (que sucede o Antigo Regime) tomará consciência da profundidade do abismo que separa os valores universais e os fatos particulares; o *si* certo de si mesmo (que sucede a moral kantiana) tentará, enfim, reunificar o universal e o singular com uma certa forma de reconhecimento que anuncia já o saber absoluto.

A ordem ética (o espírito verdadeiro)

Como os gregos conseguiram despertar no indivíduo a disposição da cidadania, isto é, esse sentimento de formar com a cidade uma "bela totalidade"? A resposta que Hegel dá a essa questão é relativamente simples, mas é, ao mesmo tempo, revolucionária em relação à maneira pela qual nós mesmos, ainda hoje, refletimos sobre nossa história social. Se o indivíduo aderiu assim livremente a uma comunidade racional, se decidiu aplicar explicitamente a lei dos homens e se identificar, ser responsável por isso, pelo bem da cidade, é porque ele fundou, estabeleceu esse engajamento apoiando-se em potências de uma ordem inteiramente outra. Essas potências não são masculinas, diurnas, cidadãs, mas femininas, noturnas, familiares. Elas pertencem ao *genos* e não ao *ethos*. Em vez de determinar conscientemente a vida do cidadão, elas lhe dão seu sentido, sua força inconsciente: por elas viemos ao mundo, por elas nossa sensibilidade desperta e se desenvolve, por elas se opera pouco a pouco a transição do estado de adolescente para o de adulto, depois, quando chegamos ao fim da vida, é ainda a elas que nos remetemos, como para nos reconciliar com nossa essência primeira.

Hegel nos previne que não há nenhuma hierarquia, nenhuma relação de subordinação entre essas potências femininas ou divinas e as leis masculinas da cidade: a relação de complementaridade que as une não é a da criança com seus pais, nem mesmo a da mulher com seu marido, mas antes a do irmão com a irmã, cada um encontrando seu sentido e sua força no outro. Mas nem por isso se poderia negar a oposição tão profunda que há entre elas. Heterogeneidade do *genos* em relação ao *ethos*, da *tradição* em relação à *axiomática*, que se ilumina por exemplo no sacrifício de Antígona em favor de seu irmão

Polinices.[24] A cidade decidiu privar Polinices das honras funerárias porque ele foi considerado culpado por atividades sediciosas, culpado de ter infringido a lei do dia. Mas, para fazer respeitar a lei da noite, para que Polinices fosse enterrado segundo as regras familiares, Antígona se dispõe a sacrificar a própria vida.

É aqui que Hegel inova verdadeiramente em sua explicação de um si social ou ético: contrariamente ao que se pensa às vezes, talvez muito facilmente, não foi necessário o cristianismo para que o homem carregasse a *culpabilidade* e percebesse a necessidade de um *sacrifício*. Essa dupla experiência, da culpabilidade e do sacrifício, nasceu ao mesmo tempo que a tensão entre o mundo da família e o da sociedade. Cada indivíduo tem em si essa tensão, essa contradição. Se seu caráter o leva rumo ao dia, aos negócios particulares da cidade, ele se sentirá culpado por abandonar sua família, por ultrapassar a lei do *genos*, transgredir a lei universal dos ancestrais mesmo haurindo sua força deles. Se, ao contrário, se inclina para a noite, para o calor da lareira, ele terá consciência de que renunciou ao mundo, sacrificou sua singularidade. Assim, sendo do dia ou da noite, do *ethos* ou do *genos*, o desejo de se reconciliar com a lei que não foi seguida nos persegue sempre. É o que faz Antígona desprezando a própria vida, se elevando por seu sacrifício à universalidade dos ancestrais, reconhecendo, diante da cidade, que seu gesto de prestar honras fúnebres a seu irmão leva ela própria à morte. A solução para o indivíduo será então o sacrifício

---

24. Foi Sófocles (496-406 a.C.) quem primeiro colocou em cena o destino de Antígona, filha de Édipo e de Jocasta, cumprindo contra a razão de Estado seu dever familiar de sepultar Polinices segundo o costume. Esse confronto inspirou muitos autores modernos, manifestamente Friedrich Hölderlin (tradução e notas em 1804), Jean Cocteau (1927), Jean Anouilh (1944) e Bertolt Brecht (1948).

total: morrer pela pátria e assim voltar à família, ou morrer por seu irmão, sua irmã, seus parentes, e assim dar razão à cidade. A guerra, dessa perspectiva, nada mais seria que um sacrifício coletivo: estender e unificar a cidade pela ação exterior, mas apelando para forças profundas, interiores e de cada família. Entretanto, a morte não é jamais solução na filosofia de Hegel: só um coração defunto, só um espírito sem vida pode encontrar aí alguma satisfação.[25] Embora necessária a toda transformação, a morte é aqui signo de repetição má, de oposição unilateral, de fuga da realidade ou da natureza, mesmo que o sacrifício tivesse por fim conciliar as leis humanas e as leis naturais.

Se é verdade que, na juventude, Hegel foi fascinado pela "bela totalidade ética" que a Grécia antiga representava para ele, a responsabilidade em sentido grego também lhe apareceu pouco a pouco com todo seu peso: cada indivíduo devotava-se ou para se sacrificar ou para ser reconhecido culpado. Destinado a morrer pela cidade ou condenado a ser destituído de sua função de cidadão. Oscilando entre a apreensão de seu próprio destino e o terror do castigo exterior. Essa oscilação entre o *medo de si* e o *terror do* outro, entre o espírito de *sacrifício* e o sentimento de *culpabilidade*, tem, pois, raízes muito profundas. Em um texto de juventude[26], que data do período de Frankfurt (1797-1800), Hegel faz essa oscilação remontar à obrigação do povo judeu de respeitar a Lei, que é, ao mesmo tempo, *divina* e *positiva*, portanto sentida como uma necessidade *interior* e, ao mesmo tempo, imposta do

---

25. *Leçons sur l'histoire de la philosophie*, Introdução, trad. franc. J. Gibelin, p. 156-7.
26. *L'espirit du christianisme et son destin*, trad. franc. J. Martin, Paris, Vrin, 1948, p. 44 ss.

exterior.[27] Desse ângulo, um dos principais méritos de Jesus seria o de ter tentado superar essa tensão perdoando nossos pecados, não sob a condição de algum sacrifício, mas por amor aos homens. A vocação primeira do cristianismo, para Hegel, não é, portanto, encorajar o sacrifício ou insistir sobre o pecado, mas, ao contrário, aliviar o indivíduo de sua culpabilidade transmitindo-lhe uma confiança, um amor de si e pelo outro mais forte que a presença do mal, aliás inevitável em toda ação livre.[28] Terei a ocasião de voltar ao tema do reconhecimento do mal e da especificidade da mensagem cristã.[29]

Nesse momento parece que o excesso de responsabilidade endossado pelo cidadão grego leva ou à via sem saída da autodestruição, ou a aliviar o indivíduo de suas responsabilidades. Esse alívio põe fim à "bela totalidade grega" e marca o início do império romano.

Em Roma, o imperador soberano concentra em sua pessoa todas as responsabilidades, o que equivale a dizer que ele não assume efetivamente nenhuma. De fato, é a jurisprudência que regula todos os conflitos particulares: os indivíduos não tomam nenhuma iniciativa, a não ser reivindicar uma multidão de direitos mais ou menos

---

27. Poder-se-ia objetar a Hegel que o judaísmo, longe de *impor* do exterior alguma lei positiva, permite, ao contrário, que se *reinvente* a Lei, uma vez que confere ao homem o direito intangível de interpretar livremente os textos sagrados. Por outro lado, segundo a tradição judaica, o sentimento interior da necessidade da Lei não deve levar o homem ao sacrifício de si, justamente porque Abraão *não* imolou seu filho. Em defesa de Hegel é preciso lembrar (ver, neste livro, p. 32 e 91) que seu objetivo não é classificar, etiquetar esta religião ou aquele pensamento corrente, mas reter determinados traços deles com o fim exclusivo de caracterizar um momento dialético que pode concernir muito bem a todas as outras religiões, a todos os pensamentos e a cada um de nós.
28. *L'esprit du christianisme et son destin*, trad. franc. J. Martin, p. 51 e 60-1. Cf. tb. *Estéthique*, trad. franc. P. Zaccaria e C. Bénard, I, p. 679; comparar com I, p. 371.
29. Ver, neste livro, p. 120-2 e 158-61.

abstratos. Nesse sistema em que reina o direito impessoal, procedural, o homem perdeu a consciência de suas responsabilidades para com a coletividade. À unidade imediata entre o indivíduo e a coletividade sucede a explosão, a fragmentação do si e da substância. Inconscientes das realidades históricas e sociais, as pessoas são enredadas em seu solipsismo, suas pequenas exigências, suas ilusões particulares. A substância, a realidade social com a qual elas perderam o contato se encontra também modificada no sentido de uma maior divisão entre fatos e valores: os indivíduos perderam a noção de valor, ninguém mais tem consciência da sua ligação com os outros, com o universal ou a substância. Todos parecem extraviados, perdidos em um mundo que, no entanto, os governa de maneira cada vez mais forte, tanto do ponto de vista material como do social ou econômico. O espírito, como consciência da coletividade, se tornou estrangeiro a ou, mais do que isso, alienado de si (*Entfremdung*).

A cultura (o espírito alienado de si)

Não tendo mais consciência de sua unidade com a coletividade ou com o universal, o indivíduo fala da cultura como de alguma coisa exterior a ele, como de uma cultura (*Bildung*) cuja dimensão ética ou humana está profundamente desnaturada. Assim se cava um fosso entre, de um lado, os "fatos culturais imediatos" *para outros*, ou seja, as relações sociais, cujos principais motores são o poder e a riqueza, e, de outro lado, os valores a que os indivíduos aspiram para *si mesmos*. Esse mundo dos valores, da fé ou da pura intelecção, transparece particularmente nos juízos que cada um tem sobre a cultura. Ora, esses juízos exprimem, bem mais que um hiato, uma verdadeira fissura: descobre-se aqui o equivalente, no plano histórico e social, da consciência infeliz. Como ela, o si parece dilacerado entre o aquém e o além, a cultura e a fé. Mas o dilaceramento do si tem sua especificidade, o que dá ocasião para dissipar um grave mal-entendido concernente ao estatuto da *infelicidade* em Hegel. Tem-se às vezes a impressão, quando se ouve falar da "infelicidade da consciência", que ela designa toda forma de inadequação, e até de luta, entre a consciência e algum outro objeto que se esquivaria dela. Certamente nada impede que se alargue essa acepção, mas é preciso lembrar também que a consciência infeliz, em seu sentido restrito, é o acabamento do desenvolvimento da consciência de si, ou seja, o momento em que esta, se definindo como falta e movimento, chega a se identificar com a efetividade. "O espírito dilacerado" é precisamente incapaz de uma tal identificação. De um lado ele é progresso em relação à consciência infeliz, porque tem perfeitamente a consciência das realidades sociais, econômicas e culturais, mas, de outro lado, é dilacerado porque essa realidade social está em inadequação com os valores de cada um, seus juízos, etc. Qualquer que seja a escolha de cada indivíduo (se integrar na cultura ou se retirar para a pura intelecção), ele será sempre levado a escapar de si mesmo, a se alienar dessa outra parte de si que quer se integrar, quando ele se retira, ou se retirar, quando ele se integra.

Concretamente, isso quer dizer que o homem de fé pregará por valores não adaptados à sociedade de seu tempo, e que o homem de poder ou de riqueza será incapaz de interioridade. Assim, contrariamente à consciência infeliz, o espírito dilacerado não constitui um *acabamento* na reflexão de si, evoca antes o mau infinito do *ser-para-outro*. É, portanto, compreender erradamente Hegel acreditar que qualquer dor, qualquer dilaceramento, no fim das contas, realiza a liberdade da consciência. Bem ao contrário, uma dor, uma cisão, é freqüentemente, para Hegel, signo de um mundo atolado em uma dinâmica má.

Esse mundo que, no prolongamento do império romano, "atua" na cisão entre o universal e o singular ampliando-a ao estatuto das pessoas, à partilha de riquezas e de poderes, é o mundo de antes da Revolução Francesa, o mundo do Antigo Regime. Nesse mundo, o nascimento fixa cada indivíduo no lugar que o viu nascer. Filho de senhor será senhor. Filho de camponês será servo. Como, nessas condições, se elevar ao universal, servir ao bem comum, dar um sentido a sua vida? Num quadro tão alienante, somente aqueles que têm o poder e, como segundo motor, as riquezas, poderão se tornar realmente úteis à comunidade. Descobre-se aqui a razão "filosófica" ou "dialética" pela qual o mundo do Antigo Regime, embora dilacerado, vai subsistir por tanto tempo: é que ele vai gerar seu próprio sistema de valores que tenderá a confirmar as divisões existentes de poder e de riqueza. O senhor da Idade Média que se coloca a serviço de seu rei será chamado "nobre". O rico burguês do século XVII que é útil ao Estado será considerado "gentil-homem". Enquanto o povo, camponeses e aldeões, preocupado somente com a sobrevivência individual, será considerado "vil" ou "vicioso". Em resumo, aqueles têm os meios de sua universalidade, os meios para renunciar, pelo menos em aparência, aos imperativos de seu eu; estes não os têm. Todavia, a consciência "nobre" não pode sacrificar perpetuamente seu poder e suas riquezas para se elevar ao universal, porque uma tal atividade não pode sobreviver a si mesma por muito tempo, pois ela é relativamente autodestrutiva. É por isso que, à medida que avança a Idade Média, o poder feudal deixa cada vez mais o lugar para o poder monárquico. A atividade nobre, que era real, se torna simbólica: ela se concentra na linguagem, na adulação, na etiqueta, na atividade de cortesão ou de conselheiro. Por esse deslocamento, a cultura poderá sempre recomeçar seu trabalho de consolidação do poder estabelecido e de defesa de seus interesses.

Mas, ao mesmo tempo, pouco a pouco, o "nobre" revela o que realmente é: ele dá apenas a *ilusão* de servir ao bem comum e de renunciar a seu eu, servindo apenas, em realidade, a seu próprio interesse, que é o de se manter no poder. Sua verdade última é, pois, ser uma consciência "vil" como todas as outras. Cortesão vil, adulador detestável. Desde então nada mais é nobre, tudo se equivale, tudo se dissolve. A ironia e o espírito crítico se desdobram para proclamar o caráter vão, inútil e absurdo dos seres e das coisas. Citando *O sobrinho de Rameau*, de Diderot, Hegel comenta o resultado: tudo se tornou "mistura de sagacidade e de baixeza, de idéias justas e alternativamente falsas, de uma perversidade geral de sentimento, de uma torpeza completa e de uma franqueza pouco usual".[30]

Assim, o mundo da cultura se dissolve na mentira e na falsidade por ter acreditado que os poderosos e ricos eram capazes de reconciliar o universal e o singular, a substância e o sujeito. Se voltamos agora à outra face do dilaceramento do espírito, ou seja, àqueles que, recusando se comprometer no mundo, se apegam ao julgamento e à pura intelecção, descobre-se um quadro inteiramente diferente. O homem de fé não cai na mesma armadilha que o homem de cultura, uma vez que se mostra imediatamente desconfiado, renitente à realidade social: para ele, a reconciliação não pode acontecer aqui embaixo, mas somente no além. Os poderosos, como os fracos, os ricos como os pobres, lá terão direito, uma vez que se conformem aos dogmas da Igreja, às representações e julgamentos do clero. Hegel sempre manifestou sua aversão por esse ideal quimérico e hipócrita, que se constrói servindo ao objetivo de todos os despotismos. Aos estudantes de Berlim ele explicará ainda:

---

30. *Phénoménologie de l'esprit*, trad. franc. J. Hyppolite, II, p. 80-1.

> No mundo cristão em geral há o ideal, bastante corrente, do homem perfeito, mas que não poderia existir na massa de um povo. Podemos muito bem encontrá-lo realizado entre os monges, os quacres ou entre outra gente piedosa da mesma espécie, uma multidão de criaturas tão piedosas não poderia constituir um povo, não mais do que pulgas ou plantas parasitas poderiam existir por si mesmas, sem ser sobre um corpo organizado. Se um povo assim viesse a se constituir, essa doçura de cordeiro, essa vaidade que se ocupa apenas da pessoa privada para acariciá-la e se dar sempre a imagem e a consciência de sua própria excelência, não demoraria a se perder. Porque a vida no e para o universal exige não essa doçura fraca e sem força, mas uma doçura que seja igualmente energia – ela não exige ocupar-se de si mesma e de seus pecados, mas do universal e das tarefas que ele reclama.[31]

O confronto entre os mundos da cultura e da fé, entre os poderosos e o clero, culminará no século XVIII com a filosofia das Luzes. Tendo a cultura atingido sua última etapa, ela se torna potência crítica e irônica, atacando particularmente os valores do clero. A luta, desta vez, se opera de maneira lenta e insidiosa. Hegel tem um prazer quase sensual em descrever o combate que a *Aufklärung* empreende contra a Igreja:

> Espírito invisível e imperceptível, ela se insinua em todas as partes nobres e as penetra, logo se torna profundamente senhora de todas as vísceras e de todos os membros do ídolo inconsciente e "uma bela manhã, ela dá uma cotovelada no camarada e catatrás, o ídolo cai por terra".

---

31. *Leçons sur l'histoire de la philosophie*, Introdução, trad. franc. Garniron, p. 476-7.

> Numa bela manhã, cujo meio-dia não é vermelho de sangue, se a infecção penetrou todos os órgãos da vida espiritual. Em seguida a memória conserva ainda, como uma história passada não se sabe como, a forma morta da precedente encarnação do espírito, e a nova serpente da sabedoria, erigida para a adoração do povo, se despojou, sem dor, somente de uma pele murcha.[32]

A filosofia das Luzes analisa, decompõe cada situação não apenas para mostrar sua relatividade, mas também para apreender as razões profundas, em particular a dimensão *material*. O espírito religioso tem, portanto, boas razões para resistir com todas suas forças a esse movimento: de início, porque ele se quer para além das realidades materiais; e depois porque não pretende acordar o homem para o relativo e sim para o essencial. Todavia, o poder de anulação das Luzes é capaz de absorver mesmo essas dimensões. O apelo religioso para o além, a aspiração ao essencial e ao imaterial, têm efetivamente, dirão as Luzes, alguma utilidade: eles asseguram uma função bem precisa, que é a de nos acordar para os valores supra-sensíveis, separados dos interesses particulares. Deve-se, então, perguntar se essa função é corretamente preenchida, se realmente é preciso que esse além supra-sensível suscite o pavor, o que lança novamente o processo crítico e conduz, finalmente, à Revolução Francesa.

Com a Revolução Francesa, o *si* dividido, dilacerado, atrai finalmente um início de reunificação. Trata-se de dar novamente ao universal uma forma singular, de trazer para a terra os valores que a religião remetia para o além, de executá-los concretamente no seio da sociedade. Então

---

32. *Phénoménologie de l'esprit*, trad. franç. J. Hyppolite, II, p. 98-9. A citação entre aspas é de O *sobrinho de Rameau*, de Diderot.

a liberdade descobre que ela não é nem a favor nem contra a lei divina da natureza (gregos), nem a favor nem contra as leis civis que os homens fixam para si mesmos (romanos), e não está nem no interior nem fora das condições materiais impostas pela história (Antigo Regime): ela é precisamente a unificação dessas três dimensões, ou seja, a atualização, pelo *direito*, de uma exigência *natural*, e a tradução *material* dessa exigência. A infelicidade é que essa tradução se opera inicialmente de maneira muito imediata. Ela engendra o Terror porque a realidade social é considerada pelas forças revolucionárias como uma matéria que elas podem modelar como bem entenderem. Ora, para realizar a liberdade não basta querer impor a igualdade no direito; é preciso ainda pensar que a repartição das tarefas, a diversidade das funções, portanto a subsistência das diferenças, constituem o princípio mesmo de funcionamento da realidade.

A moralidade (o espírito certo de si mesmo)

Entretanto, apesar de seus erros, apesar de seus excessos, a Revolução Francesa permitiu o início da interiorização do universal. Esse processo, estima Hegel, não se realizou em nenhum lugar melhor que em Kant. A filosofia kantiana de fato atravessou um limiar decisivo passando da *vontade* do universal ao *saber* desse universal. Transformação à qual Kant deu nome de "revolução copernicana": se, anteriormente, a ciência, a moral e a estética se regulavam por *objetos* que não deixavam de se furtar a elas (os fenômenos naturais, o bem universal, o belo em si), a filosofia crítica inverte a perspectiva colocando o *sujeito* no centro de suas preocupações. Doravante o problema não era mais atingir *valores* (a verdade, o bem ou o belo), mas partir do *fato* de que perseguimos esses valores e, a partir daí, *saber em que condições universais* um sujeito pode se lançar legitimamente a uma tal pesquisa.

Quais são as condições *a priori* do bom funcionamento de nossas faculdades – trate-se da *sensibilidade* e do *entendimento* (quando elaboramos um *saber*), ou da *razão* (quando visamos a uma lei *moral* válida para todos), ou ainda do *juízo* (quando sentimos a *beleza* ou a *finalidade* de um acontecimento). Através dessas três críticas (da razão pura, da razão prática e do juízo), Kant dá, portanto, a cada indivíduo singular, a possibilidade de encontrar no *exercício concreto de suas faculdades*, em sua *subjetividade própria*, as condições ou meios universais de atingir os valores ou fins que persegue. Ele não pretende, aliás, que apenas a introspecção, a reflexão analítica de si, nos dê esses meios: é preciso também que uma confirmação surja do *exterior*, ou seja, que *outros* reconheçam a validade de meus raciocínios sobre as condições nas quais posso exercer meu saber, minha moral e meus juízos estéticos ou teológicos. Falta, todavia, um princípio. Pois, na realidade, não há reconhecimento algum. Ele está apenas implicado pela certeza ou pelo sentimento que *eu mesmo* tenho do caráter universal de meu percurso crítico.

É precisamente aí que reside a falha do kantismo: o *saber* se funda em um pensamento do *eu = eu* (a que Kant chama apercepção transcendental); a *moral* encontra sua legitimidade na *intenção* daquele que fixa a máxima; e, enfim, a *estética* é centrada no *sentimento do sujeito* – não na realidade histórica do reconhecimento do belo. Em resumo, mesmo que tenha conseguido ultrapassar o dualismo entre os valores e os fatos ou entre o sujeito e o objeto, resgatando as razões universais de sua interação, mesmo que tenha conseguido, assim, livrar o espírito de sua alienação, Kant atribui ainda muita importância à *interioridade* da consciência. Graças a ele o homem reencontrou sua dimensão universal, mas, por causa dele, o homem a conhece somente a partir de si mesmo. Bastaria, então, que a consciência saísse mais de si mesma, que se tornasse, para retomar o vocabulário de Hegel, operante em lugar de ser julgadora? É fazê-la cair em uma lógica que não tem nada de hegeliana: justapor ou substituir em vez de superar conservando. É acreditar que, para sair do estado de servidão ou de "camponês vil", basta passar ao estado de proprietário ou de senhor. Sigamos, pois, o caminho rumo ao qual essa consciência kantiana nos leva, julgando racionalmente as coisas a partir de seu interior.

Se, fiel a sua lógica, a consciência julgadora entra ainda mais profundamente em si mesma, ela virá a refletir sobre si como *fonte única da moralidade*, verdadeiro *gênio moral* em ligação direta com Deus ou o universal. Essa é a atitude de pensadores românticos (como Jacobi, Schiller ou Schelling[33]), que sucede, pois, ao moralismo de Kant. Aqui não é mais por dever ou por respeito a princípios ainda relativamente exteriores, mas por sensibilidade, sentimento interior, naturalidade profunda, que a consciência se dispõe a julgar as coisas. Donde a "boa consciência" da alma romântica, que só toma posição seguindo sua impulsão natural. Mas quando essa boa consciência deve enfrentar uma situação bem determinada e concreta, seu desejo de moralidade, sua aspiração de pureza, a inclinam a se manter de fora para não ser marcada

---

33. Ao lado do poeta Friedrich von Schiller, que constitui a alma desse pensamento (ver à p. 101, nota 18), os filósofos Friedrich Heinrich Jacobi (1743-1818) e Friedrich Wilhelm von Schelling (1775-1854) desenvolvem especulativamente os fundamentos do pensamento romântico. Cada um à sua maneira: Jacobi manifesta sua confiança na fé e no sentimento interior (*Sobre a empresa do criticismo para levar a razão à inteligência*, 1801); Schelling sublinha a potência da intuição intelectual como meio de unificar o espírito e a natureza (*Sistema do idealismo transcendental*, 1800).

nem pelo mundo nem pela crítica. Ela se torna então *bela alma*, "vapor sem forma"[34], preferindo se "dissolver no ar" a "enlamear o esplendor de sua interioridade pela ação". Hegel não é gentil com a *bela alma*. No entanto, ela encarna o quase acabamento do espírito, e, além disso, reaparecerá mais tarde[35] para caracterizar, pelo menos de alguma maneira, o mais alto desenvolvimento dele, ou seja, o saber absoluto. Para compreender esse paradoxo é preciso medir a distância percorrida a partir de Kant. Este certamente chegou a retirar o espírito do dilaceramento entre os fatos e os valores. Ele o havia feito por sua "revolução copernicana", retorno para um *eu*, para um sujeito no qual *nós* podíamos *todos* nos *reconhecer*, pelo menos em princípio. Mas esse retorno, justamente, deixava a consciência quieta demais. Era preciso ainda se voltar para um *tu* que a interpela diretamente, coloca em causa sua legitimidade, sua boa consciência. Implicitamente, inconscientemente, é a isso que a bela alma tende. Se ela grita alto e forte sua pureza, é como se fosse para provocar o exterior, para chamar o doloroso surgimento do *tu*:

> A esse entusiasmo íntimo por sua própria excelência desmesurada, da qual ela faz alarde, se associa uma suscetibilidade infinita em relação a todos os outros que deveriam, a todo momento, adivinhar, compreender e venerar essa beleza solitária; e se os outros não conseguem fazer isso, a alma é inteiramente sacudida até seus recônditos e infinitamente ferida. Então, de um só golpe, toda a humanidade, toda a amizade, todo o amor são destruídos. Essa incapacidade de suportar o pedantismo

---

34. *Phénoménologie de l'esprit*, trad. franc. J. Hyppolite, II, p. 189.
35. Ver, neste livro, p. 162-3.

e a má educação, os pequenos inconvenientes e as imperícias, que não afetam um caráter forte e grande, supera toda imaginação, e são justamente essas coisinhas de nada que levam semelhantes almas ao desespero.[36]

Aquele que acredita ter compreendido tudo, aquele que julga os outros e o mundo do alto de sua boa consciência, *sofre* por não ver reconhecida a pureza de seu juízo. Esse sofrimento é como uma nostalgia. Nostalgia de uma fusão, de uma compreensão imediata, aspiração a um diálogo que só poderá, no entanto, ofender profundamente sua suscetibilidade, que coloca diretamente em questão sua duplicidade própria, *a* duplicidade da liberdade em geral. A bela alma grita para quem quiser ouvir que "*a hipocrisia* deve ser *desmascarada*".[37] Mas, se alguém chegar a ouvir essa mensagem, responderá à bela alma que *ela própria* dá mostra de hipocrisia com a pretensão de se entrincheirar fora do mundo, de *julgar* em lugar de *agir*, porque ela coloca isso fazendo uma determinada escolha (a escolha da linguagem em lugar da ação) que tem conseqüências concretas, reais, no mundo exterior. Nesse momento tão importante que ofende profundamente sua suscetibilidade, a bela alma conhece em si mesma "o outro" ou o "mal", isto é, o fato de que sua interioridade, que queria ser pura e virgem, não pode evitar o contato com o exterior, não pode se subtrair à mancha e ao erro. Nenhum ser, mesmo "bom", mesmo aureolado de glória, escapa ao mal e à negatividade. Será preciso esperar os últimos desenvolvimentos da religião manifesta para imaginar essa presença do "mal" no "bem".

No entanto, para evitar qualquer mal-entendido, assinalemos desde já que não se deve ver nisso nenhuma

---

36. *Estéthique*, trad. franc. P. Zaccaria, I, p. 327-8.
37. *Phénoménologie de l'esprit*, trad. franc. J. Hyppolite, II, p. 191.

exaltação do *pecado* ou da *ignomínia*: a perspectiva na qual Hegel se situa visa precisamente superar a oposição abstrata, caricatural, entre uma visão "mortífera" do homem incitando-o ao arrependimento e uma visão "humanista" valorizando sua ação. Longe de reduzir a nada a possibilidade de ações "boas" ou heróicas, trata-se de nos esclarecer sobre o desenvolvimento *concreto e singular*, que implica sempre a contingência e a imperfeição. Este é o sentido da reflexão célebre sobre a "moralidade do criado de quarto":

> Não há herói para seu criado de quarto; mas não porque o herói não seja um herói, e sim porque o criado de quarto é criado de quarto, com o qual o herói não tem relação enquanto herói, mas enquanto come, bebe, se veste, como homem privado em geral, na singularidade da necessidade e da representação.[38]

Assim, o reconhecimento do mal é acompanhado imediatamente de seu perdão: aceitar a singularidade, a pequenez, a alteridade que existe em si, até mesmo utilizá-la para atingir uma forma mais elevada de liberdade; eis o que o espírito, tornado absoluto, deverá concretamente realizar pela arte, pela religião e pela filosofia. Mas, antes de chegar aí, antes de descobrir, na terceira parte, as conseqüências desse reconhecimento do *outro*, se impõe um desvio que aborda a maneira pela qual o homem levou o mais longe possível a exigência de instituir a *si mesmo*.

---

38. *Phénoménologie de l'esprit*, trad. franc. J. Hyppolite, II, p. 195.

Princípios da filosofia do direito

Até aqui o desenvolvimento do espírito foi apresentado como seguindo de perto a história dos povos e das culturas: a Grécia antiga, o império romano, o Antigo Regime, a Revolução Francesa e o romantismo constituem as principais etapas. Na *Enciclopédia das ciências filosóficas* Hegel chamará esse desenvolvimento de *espírito objetivo*, isto é, o mundo criado pela história dos homens. Todavia, esse mundo objetivo pode ser abordado também de outro ponto de vista, não mais dessa maneira em sua evolução histórica, mas através de suas instituições, de suas normas e de seus códigos, que são como sedimentos pouco a pouco depositados pela história. É este o objetivo de *Princípios da filosofia do direito*, publicado em Berlim, em 1821. Esse livro não se limita, portanto, à instituição do direito abstrato ou da jurisprudência; abarca tudo o que diz respeito ao espírito objetivo, sejam concepções morais, realidades econômicas e sociais, instituição familiar, e até a política. Mais precisamente, ele é divididos em três partes.

O direito abstrato e a moralidade

A primeira parte examina a instituição do *direito abstrato*, que regulamenta a vontade imediata das pessoas (por exemplo, a vontade de assenhorar-se de um bem). O direito abstrato define de maneira contratual os bens próprios a cada um, prevendo as penas a serem aplicadas em caso de infração. Mas nenhuma vontade se volta imediatamente para os bens; ela pode também refletir e se orientar em função de certos objetivos, e até de certos valores. É isso que a segunda parte, consagrada à *moralidade*, coloca em evidência. Todavia, o espírito objetivo, as obras humanas, não se reduzem nem ao que os homens *querem* imediatamente nem ao que eles *gostariam de querer*. De fato, são os costumes, os usos, as maneiras de viver de um povo ou de uma sociedade que mostram o que realmente subsiste da vontade imediata e particular de uns, dos projetos e valores universais de outros.

A Sittlichkeit

Hegel aborda esse conjunto de costumes, de hábitos ou de maneiras de viver na terceira e última parte dos *Princípios da filosofia do direito*, intitulada *Sittlichkeit* (significando literalmente a qualidade do que é costumeiro, esse termo às vezes é traduzido por "vida ética", ou ainda "realidade moral", com o cuidado de dizer que ele implica uma certa forma de "decência" ou de "civilidade").

A família

O primeiro momento da *Sittlichkeit* é a *família*. Como já dissemos[39], a família é para Hegel o meio onde se realiza uma tarefa ancestral: conjugar o feminino e o masculino, a maternidade e a paternidade, com o fim de assegurar da melhor maneira possível a transição do mundo interior da infância para o mundo exterior da idade adulta.

A sociedade civil burguesa

Mas onde Hegel inova verdadeiramente é em sua descrição do segundo momento da *Sittlichkeit*: o momento da "*sociedade civil burguesa*" (*bürgerliche Gesellschaft*) e sua lógica econômica. Por "sociedade civil burguesa" é preciso entender não uma classe ou um grupo de pessoas

---

39. Ver, neste livro, p. 107-8.

bem particulares, mas qualquer sociedade cujos membros se preocupam unicamente em satisfazer *suas* necessidades próprias, isto é, viver em segurança, possuir determinados bens, desenvolver certos contatos ou trocas que, aliás, não são ditados unicamente por considerações de interesse econômico, mas também religiosos, culturais, etc. Para dizer a verdade, nossa época moderna não conhece praticamente nada mais que sociedades desse tipo: como perdemos o sentido (grego) da unidade imediata entre as esferas pública e privada, são antes de tudo *nossos* interesses *particulares* que ditam nossas maneiras de interagir. Todavia, como veremos mais adiante, isso não impede certas sociedades "modernas" de levar ainda mais longe seu desenvolvimento para integrar o terceiro e último momento da *Sittlichkeit*, o momento do *Estado*. Mas, antes de chegar aí, é preciso sublinhar a atualidade do quadro que Hegel pinta da "sociedade civil burguesa": governada não mais pelo instinto, mas pelo entendimento, ela se dedica perpetuamente a precisar, a diferenciar, a particularizar os meios de satisfazer as "necessidades" individuais. Mas dessa maneira ela determina, ao mesmo tempo, novas necessidades (de adquirir tais novos meios, de passar por tal mediação), o que reinicia novamente o processo de diferenciação e assim por diante. Observa-se, portanto, "à multiplicação e à especificação indeterminada"[40] das necessidades. Ora, quanto mais há "necessidades" para serem satisfeitas, mais cresce o número de pessoas que se consideram insatisfeitas em relação a uma necessidade particular. Donde o crescimento do abismo entre "ricos" e "pobres", daí também uma diferenciação

---

40. *Princípios da filosofia do direito*, § 195 [tradução de Marcos L. Müller, publicada na série Textos didáticos, Campinas: IFCH/Unicamp, 1996, p. 26 (N. T.)].

da sociedade em classes (*Klasse*) sociais, e até mesmo tendências imperialistas ou colonialistas que buscam no exterior o que satisfará as necessidades interiores.

Quais são as raízes profundas dessa dinâmica perversa? Como se dá o fato de que, para um conjunto de indivíduos, buscar satisfazer suas necessidades particulares gera freqüentemente uma multiplicação inflacionária dessas necessidades, fonte de desequilíbrios que minam do interior a sociedade inteira? A resposta a essa questão está na *lógica econômica* da sociedade civil burguesa, lógica que é preciso obviamente entender em termos de *em-si*, de *seres-aí* e de *para-si*. Hegel assinala, fundamentalmente, que a satisfação (ou não) das necessidades *não* depende diretamente dos seres-aí, que são, por exemplo, esta necessidade imediata, este meio a minha disposição para satisfazê-la, ou o trabalho necessário para a obtenção desse meio; na realidade, a facilidade com a qual uma necessidade é satisfeita depende simplesmente do *preço a pagar* para fazer isso. Esse preço a pagar, esse *valor de troca* subsiste *por-si*, independentemente de todos os seres-aí que acabam de ser abordados. Vejamos mais precisamente em que o valor de troca, em que o preço das coisas constitui para Hegel um *ser para-si*.

O que fixa o valor de uma coisa? Esquematizando um pouco os desafios econômicos, poder-se-ia dizer que dois grandes fatores entram em concorrência: para uns (Locke[41], Marx[42]), é sobretudo a quantidade de *trabalho* necessário à realização de uma coisa que fixa seu valor; para outros (Hume[43], Walras[44]), é a *utilidade* do que é

---

41. J. Locke, *Tratado do governo civil* (1690), cap. 5, § 40.
42. K. Marx, *O capital*, tomo I (1867), seção 1, cap. 1.
43. D. Hume, *Discurso político* (1752), "Do dinheiro".
44. L. Walras, *Elementos de economia política pura* (1874-1887), seção 2, 10ª lição.

produzido que fixa seu valor e fixa também, retroativamente, o valor do trabalho que foi preciso para realizar essa coisa.[45] Ora, Hegel discorda de uns e de outros. Para ele, tanto a utilidade *como* o trabalho são noções relativas, particulares, superadas pela universalidade da lógica econômica da sociedade civil burguesa, ou seja, pelo fato de que *nós todos* buscamos satisfazer nossos interesses *próprios*. Essa é a realidade *para-si* que subsiste independentemente da variação e da interação dos *seres-aí* que são as necessidades e os modos de produção. Todos nossos comportamentos, todos nossos esforços, todo nosso trabalho exprimem a importância que atribuímos à satisfação desta ou daquela necessidade *particular*. Eles são determinados, portanto, pela necessidade *universal* de poder trocar um bem por outro, um trabalho por outro, etc., de maneira a poder satisfazer a um máximo de nossas necessidades e até de necessidades futuras que ainda não imaginamos. Resulta que não se levará em conta, na ocasião das trocas, nem a quantidade de trabalho produzida, nem a utilidade do bem em relação a esta ou aquela necessidade, mas a *idéia* que se tem da importância da troca, idéia que depende, por sua vez, da *idéia* ou da *representação* que se faz do sistema de necessidades e de meios para satisfazê-las.

A economia da sociedade civil burguesa nada mais é, pois, que um sistema de *representações*. Ela supera o domínio da simples gestão de *bens* para atingir tudo que tem *valor* aos olhos dos indivíduos: posições sociais, informações,

---

45. A maior parte das concepções "clássicas" da economia (A. Smith [1776], D. Ricardo [1817], J. S. Mill [1848]), por sua parte, insistem na interação dos dois fatores, trabalho e utilidade. Hoje, os teóricos (G. Debreu, P. A. Samuelson, etc.) contornam o problema de maneira mais "pragmática" ou "positivista", definindo o valor de uma coisa pela relação entre *oferta* e *demanda*. Mas *quem é que cria* essa oferta e essa demanda? As "necessidades", o trabalho ou outra coisa ainda?

crenças, etc. Nada *vale em si* nessa lógica socioeconômica; tudo depende da maneira como o entendimento *concebe* o circuito dos meios e dos resultados. Portanto, tudo depende da importância que a opinião atribui a esta ou àquela mediação. No limite, a importância não está em satisfazer *efetivamente* uma necessidade ou em possuir um bem, mas em possuir ou conhecer seus *signos*.

A análise de Hegel aparece, desse ponto de vista, como particularmente visionária. Hoje, gozar de uma boa "imagem", ter acesso a determinadas "informações", dominar o sistema de "comunicações", é bem mais que satisfazer concretamente esta ou aquela necessidade imediata. Os trabalhos com elevada mais-valia são aqueles que influenciam profundamente o sistema de *representação* de necessidades. Se Hegel já percebe isso, é porque ele dissocia radicalmente, e pela primeira vez, o *valor*, as *necessidades* e o *trabalho*. Ao passo que o trabalho é exercido sobre uma coisa particular, sobre um *ser-aí* determinado que deve, em princípio, servir à satisfação desta ou daquela necessidade, o *valor* de uma coisa exprime a maneira pela qual essa coisa é *representada*, e, quanto maior a exatidão, mais essa representação é partilhada por todos.

A lógica econômica da sociedade civil burguesa implica, pois, a autonomização do valor ou do dinheiro em relação ao trabalho, ao mérito e mesmo aos bens. Eis que se lança uma outra luz sobre o eterno debate concernente às relações entre marxismo e hegelianismo. Marx censurou Hegel muitas vezes pelo caráter abstrato e idealista de sua filosofia, considerando que este tinha colocado a dialética de cabeça para baixo. Para Marx, a lógica da história não é fundamentalmente espiritual, mas material: as religiões, as filosofias, as instituições sociais, são apenas "superestruturas ideológicas". A infra-estrutura, a verdadeira realidade, consiste na maneira pela qual são fabricadas e trocadas as mercadorias, na maneira pela qual as *relações de produção* se organizam. É claro que a economia capitalista vê o dinheiro como um fim em si, como uma coisa que, em lugar de servir à circulação de bens, utiliza essa circulação para aumentar sua própria quantidade. Mas um processo como esse resulta na concentração de capital em mãos cada vez menos numerosas, o que pode levar a uma revolução proletária. Essa revolução regulará a economia não mais com base no dinheiro, mas sim no trabalho de cada um, trabalho esse que deverá corresponder às necessidades reais dos indivíduos.

Considerando nossa história contemporânea, pode-se dizer que, de um certo ponto de vista, foi Marx que resvalou para a "ideologia" e deixou a terra. Hegel lançou mão de sua dialética para dar conta de uma realidade que considerava incontornável, e que hoje se impõe a nós, isto é, o fato de que, no domínio da gestão de necessidades, a atitude "familiar" ou "instintiva" não basta: o trabalho sobre os seres-aí, sobre as realidades determinadas que são nossas necessidades elementares e os meios à nossa disposição, é logo negado, propriamente, superado pelo ponto de vista *para-si* da sociedade, que confere um valor autônomo a suas representações. O indivíduo que *crê desejar* alguma coisa, que crê ter a necessidade deste ou daquele bem, não é, de fato, senão o instrumento inconsciente de um sistema de representações, a engrenagem de uma lógica universal que busca um objetivo através dele.

O Estado

Isso não significa que Hegel se regozija ou satisfaz com tal estado de coisas. Mas a descrição que ele faz modifica profundamente a missão do *Estado*, terceiro e último momento da *Sittlichkeit*. Contrariamente ao que se poderia ter pensado, esse Estado *não se atribui o objetivo de satisfazer as necessidades dos indivíduos*. Pois, se fizesse isso, nada mais faria que esposar, redobrar a lógica da sociedade civil, condenando-se a gerir as trocas das quais não domina nem o valor, nem a destinação. Buscar de maneira artificial, convencionalista ou intervencionista modificar essa lógica não adiantaria nada. De fato, o Estado só se realiza como tal no momento em que *os indivíduos* aceitam – livremente – a lógica econômica, a racionalidade mais ampla que, claro, os governa, mas que os une também uns com os outros pelo viés das trocas. Se essa aceitação se faz para restaurar a função orgânica, viva, da coletividade (a exemplo da família, cujos diferentes membros tendem para um mesmo fim), os indivíduos então se tornam *cidadãos*. Isso quer dizer que eles compreendem que o único meio de dar um conteúdo concreto, *efetivo*, a sua liberdade é se colocar a serviço da coletividade ou do Estado.

Concretamente, uma das maneiras de se proceder é se reunir em corporações, ou seja, "ganhar sua honra", como diz Hegel, organizando, protegendo e desenvolvendo um determinado tipo de *profissão*, de maneira a fazer que a sociedade o reconheça não como uma função que pode ser substituída por outra, mas como uma arte, uma habilidade essencial à coletividade, à totalidade do Estado. No fundo, o que Hegel nos convida a fazer para *(re)valorizar* um determinado tipo de atividade, de trabalho, e até de bens, é não agir de maneira intervencionista ou voluntarista sobre a necessidade, a demanda ou a oferta, mas reconsiderar a *representação* que se faz ou que se dá: é agindo sobre a *imagem* que a sociedade tem de si mesma (ou de seus membros), sobre a *opinião* segundo a qual ela tem este ou aquele tipo de comportamento, que o Estado contribuirá para reavaliar tudo o que concorre para o interesse coletivo.

Em si e por si a corporação (*Korporation*) não é nenhuma corporação de ofícios [feudal] (*Zunft*) fechada: ela é, antes, a eticização de um empreendimento industrial isolado e a sua assunção num círculo em que ele adquire vigor, honorabilidade e honra... Nos nossos Estados modernos, os cidadãos têm somente uma participação restrita nas tarefas universais do Estado; é necessário, contudo, garantir ao homem ético, afora o seu fim privado, uma atividade universal. Esse universal que o Estado moderno nem sempre lhe põe ao alcance, ele o encontra na corporação.[46]

Uma concepção como essa suscitou, já se desconfia, interpretações muito diferentes. De um lado, alguns dentre os primeiros discípulos de Hegel (o pastor Philipp Marheineke, o historiador Friedrich Förster, o filósofo Hermann Hinrichs) insistiram nos valores "cristãos" de sua filosofia, "patriotismo" e respeito da razão de Estado. Nessa linha que, aliás, na origem não era tão "conservadora" quanto se disse[47] algumas vezes, se inscreveram mais tarde figuras francamente nacionalistas e autoritárias, como o historiador Heinrich von Treitschke (1834-96), o general e teórico militar Friedrich von Bernhardi (1849-1930) ou ainda o filósofo Giovanni Gentile (1875-1944), que colaborou com o regime fascista de Mussolini. Em 1945, o epistemólogo Karl Popper considerava que essa linha ressaltou os verdadeiros frutos da filosofia de Hegel, frutos detestáveis e perigosos que continham desde a origem

---

46. *Princípios da filosofia do direito*, § 255, adendo [citação conforme à trad. bras. de Marcos L. Müller, op. cit., p. 85 (trechos separados por reticências em ordem invertida, de acordo com B. Timmermans) (N. T.)].
47. Ver sobre esse assunto as nuanças trazidas por J. D'Hondt em sua biografia de Hegel, op. cit.

os rumos que os tornaram maus.[48] Segundo Popper, todo o mal resulta de Hegel não dar razão senão aos *fatos* e à *história*, portanto, à lei do mais forte, que justifica todos os extremismos. O "historicismo" hegeliano seria a raiz comum de todos os "tribalismos", de todos os totalitarismos, sejam eles de direita ou de esquerda. Quando se deixa "a história" ou "os fatos" determinarem os valores de uma sociedade, esta fica à mercê de não importa que golpe de força. Mas acabamos de ver que, longe de considerar que os valores são secundários em relação aos "fatos", Hegel considera, ao contrário, que é o sistema de *opiniões* e de *representações* que determina a lógica econômica. Quanto ao Estado, que tem por missão agir sobre esses valores e essas representações buscando o interesse coletivo, ele não corresponde ao Estado alemão autoritário da época: Hegel sugere a instauração de uma forma de monarquia constitucional, mas que seria superada em seguida para se submeter ao tribunal de todos os homens. É por isso que, em oposição à tradição "autoritarista" que acabou de ser citada, outros filósofos, logo chamados de "jovens hegelianos" (Ludwig Feuerbach, Bruno Bauer, Max Stirner), consideraram por sua conta os aspectos "progressistas" do sistema de Hegel: relatividade de valores "cristãos", importância da liberdade, da mudança, da contradição.

Essa linha, na qual se inscrevem obviamente Marx e Engels, entretanto, jamais reivindicou fidelidade absoluta à filosofia de Hegel, chegando mesmo às vezes, para melhor delimitar as fronteiras em relação a ela, a alimentar a idéia de que a essência do hegelianismo está em sua relação servil com o Estado.[49] Seria preciso esperar, no

---

48. Karl Popper, *A sociedade aberta e seus inimigos*, trad. Milton Amado, Belo Horizonte/São Paulo, Itatiaia/Edusp, 1974.
49. Cf. Rudolf Haym, *Hegel und seine Zeit* [*Hegel e seu tempo*], Berlim, Gaertner, 1857. Esse livro contribuiu fortemente para a lenda de um Hegel

século XX, filósofos como György Lukács (1885-1971) ou Eric Weil (1904-77) para que aparecesse uma filosofia política que reconhece mais francamente sua inspiração hegeliana.[50] Mas permanece o equívoco em relação ao sentido profundo de sua filosofia política. Há alguns anos, o filósofo Francis Fukuyama[51] considerava que o desmoronamento recente dos sistemas comunistas havia realizado o desenvolvimento previsto por Hegel – tendo até cumprido o "fim da história".[52] A evolução das instituições políticas teria atingido seu termo, demonstrando, de uma vez por todas, a supremacia do *Estado democrático liberal* (no sentido de "fundado sobre os ideais das revoluções francesa e americana") em relação a todas as outras formas de governo. Todos os problemas, todas as contradições, poderiam doravante ser resolvidos no quadro de um sistema econômico e social que promove a democracia liberal ocidental. Essa interpretação de Fukuyama não é somente contrária à filosofia da *história* de Hegel[53]; ela esquece também o essencial de sua filosofia *política*. O Estado, segundo Hegel, não tem por finalidade garantir o bom funcionamento de um sistema econômico. Ele não se efetua regulando todos os conflitos de interesse

---

defensor do absolutismo. Rudolf Haym, que algumas vezes foi considerado ligado aos círculos marxistas, era na verdade do partido nacional liberal. Cf. Domenico Losurdo, *Hegel et les libéraux*, Paris, PUF, 1992, p. 39-43 (ed. bras.: *Hegel, Marx e a tradição liberal*, São Paulo, Ed. Unesp, 1998).

50. Para saber mais sobre esses dois últimos autores, podemos nos remeter aos livros de Yvon Bourdet, *Figures de Lukács*, Paris, Anthropos, 1972, e Patrice Canivez, *Weil*, Paris, Belles Lettres, col. Figures du Savoir, 1999.

51. F. Fukuyama, *O fim da história e o último homem*, trad. bras. A. de Soares Rodrigues, Rio de Janeiro, Rocco, 1992.

52. Veremos mais adiante (p. 167-8), a propósito do *saber absoluto*, que o conceito de "fim da história" é estranho ao espírito e à letra da filosofia de Hegel.

53. Ver nota precedente.

que poderiam surgir nesse quadro. Seu princípio é despertar os indivíduos guiados por suas necessidades particulares para a consciência do interesse coletivo, ou do universal. Essa consciência não se reduz jamais à instituição que a encarna. Sempre em busca, jamais adequada, ela é, como diz Hegel, "relação infinitamente negativa consigo mesma na liberdade".[54]

---

54. *Princípios de filosofia do direito*, § 321.

3
A arte, a religião e a filosofia

Do espírito objetivo ao espírito absoluto

A história, essa acumulação de camadas, de sedimentos depositados pela ação de uns e de outros, pelo fluxo e refluxo das subjetividades, desempenha certamente um papel fundamental na filosofia de Hegel. Mas ela não constitui a última chave dessa filosofia, porque aparece então como uma espécie de mecanismo cego, justificando tudo *a posteriori*, dando sistematicamente razão ao "mais forte" ou ao que *subsiste* às múltiplas aspirações de uns e de outros. Ora, o próprio homem *trabalha* no sentido dessa história. Ele intervém na seleção do que será retido como "subsistente", como rico em sentido. Mas, para que essa obra tenha um sentido, para que essa seleção não seja inteiramente determinada pela lei do "mais forte", é preciso que de alguma maneira esse sentido seja dado, fixado de maneira "trans-histórica", se prestando *inteiramente* e perpetuamente à remodelagem, à reinterpretação, à reinvenção subjetiva. Este será o desafio do espírito absoluto, este será o sentido das atitudes artística, religiosa e filosófica.

Em outras palavras, o *sentido* do espírito (subjetivo e objetivo), sua verdade última, para Hegel, só veio verdadeiramente ao homem, só adveio na história, através da arte, da religião e da filosofia. O espírito não é somente o processo pelo qual as consciências individuais, os sujeitos particulares, se elevam progressivamente a sua realidade universal, histórico-cultural. Ele é também o processo pelo qual as consciências recebem, ou acolhem como uma revelação, o conteúdo verdadeiro, o sentido imutável de sua relação consigo, com o mundo e com os outros. Não se segue mais um caminho ascendente, da consciência à substância, mas um caminho descendente, da substância à consciência. Na *Fenomenologia do espírito*, esse balanço, que marca a passagem do espírito ao espírito *absoluto*, se opera no curso das duas últimas seções que desenvolvem as grandes vias de acesso ao sentido de nossa relação com o mundo. A primeira, tipicamente religiosa, passa pela *representação*, isto é, pelo destaque de um certo objeto ou de uma certa mensagem fixada de uma vez por todas. A segunda, tipicamente filosófica, passa pelo *conceito*, ou seja, pelo recolocar perpétuo em questão – pela reflexão sempre recomeçada – do sentido da história através da contingência ou da negatividade. Mais precisamente, a seção consagrada à religião se subdivide em três partes: religião natural, religião estética e religião manifesta.

Mas como compreender esse retorno do divino? Como explicar que a religião ocupe um lugar tão importante mesmo quando a história do mundo ocidental mostrou[1] que a fé, a crença em um além imaterial e essencial, não valia mais que a defesa dos interesses dos mais gananciosos (privilegiar os valores em detrimento dos fatos, ou os fatos em detrimento dos valores, é sempre manter o dilaceramento do espírito)? Na realidade, o "retorno" do religioso no desenvolvimento do espírito deve ser entendido em um sentido muito amplo, como um realçamento da

---

1. Ver, neste livro, p. 114-5.

receptividade da consciência. "A consciência recebe dados sensíveis", acreditou-se poder dizer no início da *Fenomenologia* (no entanto esse ponto de vista tinha sido rapidamente superado pela evidenciação de sua dimensão ativa e combatente). Agora se mostra que essa consciência recebe um dado *não somente sensível*, mas *para pensar*. Não se deve ver essa atitude receptiva como uma construção da imaginação, mas antes como um *fato* que Hegel toma de alguma maneira ao pé da letra: o sucesso das religiões, como também o das artes, é inegável. O pressentimento que os homens têm de tudo que os supera, a fascinação que exercem sobre eles o belo e o maravilhoso, parecem ter guiado sempre sua história. Como se as artes e a religião lhes tivessem mostrado o caminho, dado o sentido do que eles teriam a viver. Essa hipótese merece no mínimo ser examinada mais adiante, e será exatamente essa a escolha de Hegel.

Não é exagero dizer que, uma vez terminada a *Ciência da lógica* (1816), Hegel não deixou de afinar, precisar, aprofundar, as diferentes maneiras pelas quais o homem recebe e inventa o sentido de sua história. Assim, a *Enciclopédia das ciências filosóficas* (1817) superou a bipartição entre representação e conceito para dar a plena autonomia à *arte*, até então limitada a uma forma particular de representação religiosa. Os cursos de *Estética* que Hegel ministrará em Heidelberg (1816-17) e depois em Berlim (1820-29), suas lições sempre mais documentadas sobre a *Filosofia da religião* e sobre a *História da filosofia*, confirmarão, realizarão essa escolha existencial. A apresentação que se segue do espírito absoluto (arte, religião, filosofia) se distancia um pouco, portanto, da *Fenomenologia* para abordar as aquisições ulteriores, e principalmente as da *Enciclopédia das ciências filosóficas*, cujo plano geral se encontra a seguir.

Plano da *Enciclopédia das ciências filosóficas*

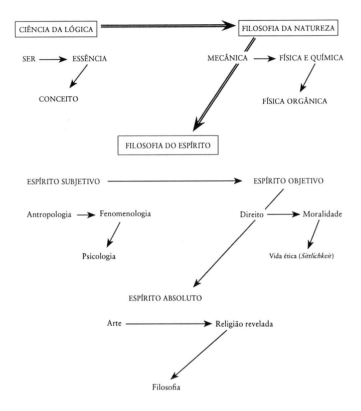

É preciso perceber o que significa fazer parte do espírito absoluto. Isso quer dizer que doravante a ruptura entre o universal e o singular está superada. O pensamento não mais apreende a natureza, os objetos, as obras de arte, não mais apreende a si mesmo, nem como totalidade abstrata, indeterminada, universal, nem como a obra ou a criação arbitrária de um indivíduo particular. Assim, toda coisa considerada como *bela*, uma paisagem, um rosto, uma estátua, um poema; todo acontecimento considerado como portador de um *sentido religioso*, uma oração, um sonho, uma oferenda, um encontro; toda reflexão verdadeiramente *filosófica*, são apreendidos aqui como pontos de encontro do universal e do singular, lugares em que confluem a história global e o olhar individual de cada consciência.

A arte

O que se passa *em primeiro lugar* nesses pontos de encontro é que o espírito busca se exteriorizar, tomar forma, dar uma expressão para si mesmo. Essa obstinação em tomar forma, adquirir corpo no exterior, adquirir uma figura particular é precisamente o que define o movimento da *arte* em geral.[2] Dessa caracterização da arte como *movimento de exteriorização* decorre o caráter essencialmente original da estética hegeliana. Hegel é o verdadeiro inventor da estética moderna: pela primeira vez o estudo da arte não é mais considerado nem como estudo do belo em si (como, por exemplo, em Platão ou no pseudo-Longino[3]), nem como estudo dos juízos que *nós* podemos ter sobre a beleza dos objetos (Kant), mas como o estudo do que foi e do que será o belo *em-si-para-nós*. Queiramos ou não, gostemos ou não, o "belo" se manifestou como tal a certos homens em uma época determinada, marcando assim de maneira indelével a maneira como os indivíduos concebem o espiritual. Não se trata mais, pois, de se legislar sobre o que *deve* ser o belo (Platão), nem sobre o que *devem* ser as faculdades humanas postas em jogo no momento do juízo de gosto (Kant), mas de partir de uma *realidade*

---

2. Desenvolvi esse tema em minha edição em colaboração com Paolo Zaccaria da *Esthétique* de Hegel, Le Livre de Poche, 1997I, p. 5-43.
3. Autor desconhecido do *Tratado do sublime* (segunda metade do século I), por muito tempo atribuído ao filósofo grego Longino (213-273). Esse tratado recomenda o justo equilíbrio entre a imitação das obras de arte antigas e a criação inspirada.

histórica em movimento, sempre suspeita e sujeita à (re)interpretação, e de buscar apreender o que nela fez sentido para o homem. Percurso realista e não mais legislador, que acolhe todas as formas de arte, inclusive as mais surpreendentes, em lugar de buscar fechá-las na golilha das leis da harmonia universal ou nas da subjetividade individual.

A *Fenomenologia do espírito* ainda não tinha dado verdadeiramente esse passo: a arte ainda aparecia nela sob sua forma "clássica", como *produção* de objetos "belos". Ela sucedia as religiões da Índia, da Pérsia e do Egito antigo, que reconhecem o espírito no Sol, no fogo, nas plantas, nos animais, todos imediatamente *dados* ao homem. Mais precisamente, o homem tem dificuldade em reconhecer sua própria espiritualidade nesse dado natural, nessa *religião natural*. Depois vinha a *religião estética* grega, que se atribuía o papel de representar o divino produzindo-o sob a forma de obras de arte. De início relativamente abstratas (o templo ou a estátua), elas iam se tornando mais vivas (as festas em honra de Céres e de Baco), depois, enfim, propriamente espirituais (a epopéia, a tragédia e a comédia).

As lições de *Estética* retomam bem certas intuições da *Fenomenologia*, mas ampliam consideravelmente o campo da estética. Doravante distinguem três grandes formas de arte: a arte simbólica, que corresponde aproximadamente ao que era coberto pela religião natural; a arte clássica, que corresponde à religião estética dos gregos; e a arte romântica, que corresponde à espiritualidade cristã. Qual é o desafio dessa ampliação? É para mais valorizá-la que Hegel coloca a arte em relação com a religião cristã, ou ele já está preparando para demarcar seus limites e pronunciar o famoso decreto da "morte da arte"?

Simbolismo, classicismo e romantismo

Vejamos as coisas na ordem, iniciando pela forma simbólica da arte. A religião de Zoroastro, a concepção indiana de Brama, as pirâmides e a esfinge do Egito, a arquitetura em geral – que é, de todas as artes particulares, a mais simbólica –, todas essas formas de expressão têm *alguma coisa* de *belo*. Elas traduzem o esforço de um conteúdo, de uma verdade, de um sentido para se manifestar sensivelmente, sem que esse esforço resulte absolutamente em sucesso. De sorte que o conteúdo que busca assim se exprimir aparece ainda como muito abstrato, muito indeterminado, muito enigmático. "A luz, a natureza, as pirâmides, tudo isso é belo. Mas o que isso quer dizer?", interrogamo-nos. Depois chega o momento em que esse esforço do espírito para se manifestar adequadamente de maneira sensível é enfim recompensado: "é exatamente isso", parece gritar o artista clássico, o escultor grego – pois esta é a arte particular que traduz melhor, segundo Hegel, a época clássica, o momento de adequação entre a forma e o conteúdo.

Mas, assim como na *Fenomenologia* a religião estética exigia a religião manifesta, assim também a forma clássica da arte exige sua forma romântica. Esta, aliás, não espera os séculos XVIII ou XIX para se desenvolver; desde o início da era cristã a negatividade que opera no espírito retoma a subida. Mais uma vez a forma já não manifesta adequadamente o conteúdo, mais uma vez o esforço não é coroado com sucesso. Mas desta vez é por uma razão inversa ou simétrica ao que se passava com o simbolismo: o conteúdo já não é abstrato ou indeterminado demais, mas muito concreto, no sentido de Hegel, ou seja, muito espiritual. A arte simbólica se perguntava: "é belo, mas o que isso quer dizer?". A arte clássica respondia: "é exatamente isso!". A arte romântica relança a questão: "é belo, mas há ainda alguma coisa mais".

Assim, a forma clássica inutilmente exprimiu o mais adequadamente possível o conteúdo que lhe parecia o mais elevado, isto é, o homem em sua liberdade soberana (estátua de Apolo) ou dilacerada (tragédia e comédia); um outro conteúdo, ainda mais divino, busca doravante se manifestar. Esse conteúdo, esse sentimento que o homem apreende do interior, essa potência de amor, de sacrifício e de ressurreição, a presença tão pesada da matéria impede que se o exprima pela escultura ou pela arquitetura. A arte "romântica" buscará, pois, se liberar desse peso, desenvolvendo sucessivamente as artes da pintura (trabalho das cores sobre uma base puramente espacial), da música (trabalho dos sons sobre uma base puramente temporal) e da poesia (trabalho das palavras que se apoiam apenas sobre as idéias). Da pedra à palavra, passando pela cor e pelo som, toda a história da arte parece, pois, se reduzir a uma progressiva desmaterialização. A arte tende à religião, aspira a novos meios de expressão mais potentes para manifestar um conteúdo que ela pressente mas que não mais pode representar. Dessa perspectiva compreende-se por que Hegel chegou a considerar a arte como uma "coisa passada".[4] Com seus meios puramente sensíveis, a arte fracassou em apresentar um conteúdo que se tornou concreto demais, determinado demais, rico demais em espiritualidade, um conteúdo do qual somente a religião parece doravante capaz de se aproximar.

Penso, todavia, que essa primeira leitura da *Estética*, que leva ineluctavelmente ao decreto da "morte da arte", deve ser superada. Não basta apresentar os três momentos da arte (simbolismo, classicismo e romantismo) unicamente sob o ponto de vista de sua aptidão maior ou menor para manifestar um conteúdo. É preciso também voltar à definição que Hegel dá da arte e que estabelece uma mediação

---

4. Ver, mais adiante, p. 145.

tão importante no espírito absoluto, isto é, sua função de *exteriorização*. Desse ponto de vista não é mais o *conteúdo*, a mensagem, que é importante; mas a *forma*, a expressão, a emoção sensível ligada à coisa considerada "bela".

Abordando assim a arte, não mais sob o ponto de vista do conteúdo, mas sob o da forma, ou seja, o *outro* do conteúdo, saímos de algo fechado, negamos tudo o que acabou de ser dito a propósito do simbolismo, do classicismo e do romantismo. Assim, o momento simbólico traduz, de fato, uma emoção bem particular: quando bradamos simplesmente "é belo!", sem precisar o que isso "quer dizer", ligamos indissoluvelmente a forma a um conteúdo que, certamente, não chegamos a identificar, mas de que pressentimos, ressentimos, a presença. A ponto de não ser a inadequação da forma ao conteúdo que domina, mas antes a fusão indistinta do conteúdo com a forma: "É belo e *isso quer dizer alguma coisa*". O momento clássico consistirá, então, em decantar esse sentimento de fusão, indistinto, de beleza. Ele consistirá em trabalhar a forma (material) sob a qual esse sentimento se dá. Portanto, o que prevalece nesse caso não é mais a adequação entre a forma e o conteúdo, mas antes a realização, a autonomização desta forma como outro do conteúdo. Certamente a forma clássica tem a capacidade de representar um certo conteúdo, mas essa capacidade é uma potência autônoma, que tem valor absoluto. Donde todas as regras que o classicismo estabelece independentemente do conteúdo a ser expresso: a importância das proporções, da medida, das formas canônicas. Vê-se bem, nessas condições, que o momento clássico não é mais o ponto culminante da arte. Em boa dialética, a forma deve ainda, depois de ter se posto *para-si* como *independente* do conteúdo, voltar novamente a esse conteúdo e perceber que ela só é por e em sua relação ativa com ele. É isso que o momento romântico logra, momento que pode, então, ser concebido não mais como um momento de nostalgia ou de aspiração a um além religioso, porque se experimentaria a impossibilidade de manifestar adequadamente um certo conteúdo, mas sim como um momento muito particular da experiência estética: aqui a forma, a expressão sensível que se dá a sua arte, depois de ter trabalhado sua autonomia, depois de se ter constituído como para-si, objeto único de nossa preocupação de artista, cessa de crer em seu valor absoluto. Ela aceita considerar que seu valor depende também dos conteúdos que querem se depositar sobre ela. O artista não se esforça mais em mostrar adequadamente um conteúdo (sentimento) interior ou transcendente (uma inspiração genial), mas admite que a forma que ele criou se perderá no prosaico mundo moderno, se abrirá a todas as interpretações, a todas as recuperações. E uma vez que essa forma não tem mais um valor absoluto, o artista é *livre* para empregar *todas* as formas, mesmo o feio. Vista sob esta perspectiva, a arte não leva mais diretamente à religião da inspiração, mas anuncia antes um outro aspecto do espírito absoluto, a saber, a liberdade de provocar, de solapar, de colocar em questão as idéias e as formas consagradas:

> Estar preso a uma idéia particular e aos modos de representação que lhes convêm é, para os artistas de hoje, uma coisa passada. A arte se tornou, assim, um livre instrumento que cada um pode manejar a sua conveniência, na medida do talento pessoal, e que pode se adaptar a qualquer espécie de sujeito, de qualquer natureza que ele seja. O artista se mantém, assim, acima das idéias e das formas consagradas.[5]

---

5. *Esthétique*, trad. franc. C. Bénard, revista por B. Timmermans e P. Zaccaria, I, p. 741.

Neste sentido, pode-se falar não só de uma *morte*, mas também de uma verdadeira *ressurreição* da arte. Renunciando ao projeto clássico da pura adequação, a arte morre, mas também transpõe um limiar para além do qual ela descobre um outro conteúdo, um outro sentido, diferente daquele que queria exprimir; é a revelação prosaica de nossa condição de artistas e de homens sempre deslocada em relação ao que produzimos, ao que sentimos. Hegel precisa bem que o novo conteúdo do espírito absoluto pode então ser dado seja pela experiência, seja no terreno prosaico da controvérsia racional.[6] Pode-se, por isso, tanto sacrificar a dimensão sensível da arte para ir rumo à religião, quanto, ao contrário, sacrificar o divino, a vontade de pura adequação da arte, para ir rumo à prosa do entendimento.

Essa tensão relativamente nova na paisagem filosófica, essa dualidade entre sacrifício religioso e sacrifício racional, ou entre poesia e prosa, inspirará no século seguinte sobretudo Malraux, Merleau-Ponty e Sartre. Ela opõe a arte "inspirada" por um conteúdo à arte "liberada" de qualquer conteúdo – mas, no entanto, "escrava" das significações de que se alimenta o mundo. A arte "inspirada" fracassa em traduzir um conteúdo e, perdendo sua vitalidade, termina no Museu ou no Céu. A arte "liberada" renuncia à inspiração, aceita não ser guiada por nada e termina, ou começa, na rua. Nessa oposição entre o museu e a rua, entre o mundo da poesia e o da prosa, Sartre perceberá não apenas dois estilos de escrita, mas dois tipos opostos de engajamento no mundo: "a atitude original da poesia contemporânea", escreve ele, é "a valorização absoluta do fracasso".[7] A prosa, em contrapartida,

---

6. Cf. *Esthétique*, op. cit., I, p. 631.
7. *Qu'est-ce que la littérature?*, Gallimard, 1948, p. 47. [Ed. bras.: *Que é a literatura?*, trad. Carlos Felipe Moisés, 2. ed., São Paulo, Ática, 1993.]

com sua vontade de encarar a vida em toda sua exterioridade, exige transformar o fim perseguido em resultado, ela quer se sair bem:

> O escritor engajado pode, sem dúvida, ser medíocre, ele pode até mesmo ter consciência de sê-lo, mas, como não se poderia escrever sem o projeto de ser perfeitamente bem-sucedido, a modéstia com a qual ele vê sua obra não deve desviá-lo da construção dela como se ela devesse ter a maior notoriedade.[8]

A religião

Assim, a arte concebida através de sua dimensão prosaica nos mergulha em um mundo comum, vulgar, desencantado, privado de significação primeira ou transcendente. Mas, visto em sua dimensão poética, ele se eleva rumo a um além, qualquer coisa de sublime ou de divino que constituiria, de alguma maneira, a chave de toda a realidade, sua significação profunda e verdadeira. Essa busca de um sentido divino nos leva, então, além da arte, até as portas da religião. O que é, com efeito, uma religião senão o desdobramento de uma mensagem, de um conteúdo, de um sentido que valeria não somente para a história dos homens em geral, mas também para a vida de todo ser singular em sua relação consigo mesmo, com os outros e com tudo o que o ultrapassa? O desdobramento desse sentido não depende do capricho de um homem, do arbitrário de uma subjetividade. As religiões não são, para Hegel, projeções de nossos desejos, "construções ideológicas" ou "concepções do mundo". Elas são a invenção, a descoberta de um sentido que dá às coisas ou à vida

---

8. Ibidem, p. 30.

toda sua consistência, toda sua efetividade. Um homem entre outros pode nascer para a vida, pode defender de todas as maneiras uma determinada mensagem, pode sacrificar sua vida por essa mensagem e morrer em condições abomináveis; nem por isso terá influenciado efetivamente a história e a vida dos homens. Ele deve ainda comovê-los pela verdade de sua mensagem. Em outras palavras: esse homem só seguirá a via que fixou para si, só fará discípulos, só incendiará multidões, só sobreviverá à morte se o sentido que encarna for portador de *efetividade*.

Vê-se que o caráter absoluto da religião, isto é, o fato de que ela é portadora do que Hegel chama de *conceito*, deve ser compreendido em um sentido inteiramente diferente do sentido do idealismo, do subjetivismo ou do voluntarismo. O conceito não é nem a idéia que um sujeito forma para si, nem o projeto de uma vontade. Ele não é o produto de nossa interioridade, mas a "totalidade do que determina concretamente"[9] tanto as coisas como os sujeitos. Além disso, Hegel vai defender o argumento ontológico segundo o qual o conceito é o que implica a realidade, assim como Descartes havia dito que a idéia de Deus implica sua existência. Mais uma vez, não se deve imaginar por isso que o que é pensado, produzido, desejado por e para nós mesmos através de suas possibilidades formais advém necessariamente à realidade. A realidade não se reduz ao que pensamos nem ao que desejamos, nem mesmo ao que fazemos. Em que ela consiste então? A lógica mostrou[10] que ela é a forma que, entre os possíveis, se tornou seu outro, ou seja, adquiriu o valor de conteúdo. Dito de outra maneira, a realidade é, ao mesmo tempo, o que é *transformado*, modificado por nossa ação, e o que

---

9. *Enciclopédia das ciências filosóficas*, § 164.
10. Ver, neste livro, p. 63-4.

o conteúdo, o sentido profundo, determina. Mas essa definição, embora já mostre o essencial, isto é, o caráter fundamentalmente negativo ou em devir do real, é ainda muito abstrata ou formal. Seguindo o desenvolvimento das religiões, vamos descobrir agora como a realidade adveio concretamente à consciência dos homens ou de si mesma.

Se a realidade ou o conceito não é algum produto interior de nossa subjetividade isso significa que ela se encontra no exterior? Esta parecia ser a intuição global sobre a qual repousava a arte, uma vez que esta considerava as coisas sensíveis exteriores como o suporte mais ou menos indispensável de qualquer conteúdo. A religião, em sua forma primeira ou imediata, partirá de um pressentimento análogo: o caráter exterior, acidental, imprevisível, da natureza nos incita a pensar que há alguma coisa dentro, além ou acima dela, uma potência espiritual que se exerce através dela. É esta a primeira forma em que se manifesta a religião, a forma *natural*.

As religiões da natureza

Essa religião natural é *magia* quando acredita poder dominar de qualquer maneira as forças espirituais em questão, à maneira daquilo que, segundo Hegel, os esquimós ou os mongóis e determinados povos da África pensam. Existe, além disso, uma segunda forma de religião que pode ser chamada mágica, na medida em que pretende dominar as forças espirituais pela meditação, o retorno da consciência para si mesma, mas que, ao mesmo tempo, anunciam já as grandes religiões do ser em-si (budismo) ou da substância (bramanismo): é "a religião de Estado chinesa" (confucionismo) e o taoísmo.

Abro um parêntese para assinalar a evolução do tratamento dispensado por Hegel ao taoísmo. No início ele parece não ver no taoísmo nada mais que uma coleção de "receitas" tendo em vista melhorar o bem-estar de cada um, prolongar a vida, interpretar os acontecimentos, o que faz do povo chinês "o povo mais supersticioso da terra... e de alguma maneira o país da adivinhação".[11] Mas, com o contato com o sinólogo Abel Rémusat, que encontrou em Paris em 1827, ou, mais provavelmente, depois do estudo das *Memórias* de missionários jesuítas que voltaram da China, Hegel se mostra pouco a pouco mais atento às analogias entre o taoísmo e sua própria filosofia. Entre essas analogias há, claro, a famosa complementaridade entre *yin* e *yang*, que pode se remeter à complementaridade entre a mediação e a *i*mediatez. É necessário, aliás, precisar que, em sua origem, o *yin* e o *yang* não significavam o feminino e o masculino, ou a passividade e a atividade, mas antes a *mediação* e o *imediato*: o *yang* (freqüentemente representado por um traço longo: ──) é o que é diretamente esclarecido; o *yin* (representado por dois traços curtos: _ _) é o que só aparece indiretamente através das sombras formadas pelos objetos tocados pela luz. Mas, em seus últimos cursos de 1831, dedicados à filosofia da religião, Hegel dá um passo além. Ele chega a apresentar o taoísmo (ou a "religião de Estado chinesa") como um momento equivalente ao da *medida* lógica: o *tao*, diz ele[12], traz as principais determinações ou *relações* abstratas que dão conta de todas as transformações, sejam elas cósmicas ou individuais, materiais ou espirituais, físicas ou morais. Não há dúvida, é o *I ching* ou *Livro das mutações* que está sendo visado aqui.[13] Embora

---

11. *Leçons sur la philosophie de la religion*, trad. franc. J. Gibelin, Paris, Vrin, 1959, II, p. 95-6.
12. *Vorlesungen über die Philosophie der Religion* [Lições sobre a filosofia da religião], ed. W. Jaeschke, Meiner, 1985, vol. 4a, p. 168-9.
13. Cf. tb. *Leçons sur l'histoire de la philosophie I*, trad. franc. J. Gibelin, Paris, Gallimard, p. 243-4.

o *I ching* seja considerado muitas vezes, até por Hegel, como um simples livro de adivinhação, ele é dedicado antes de tudo ao *estudo teórico das transformações em geral*. Assim como o hegelianismo, o taoísmo se interessa pela realidade como *devir*, como *processo de transformação*. Desse ponto de vista, Hegel e o *I ching* se colocam fundamentalmente a mesma questão: quais são as "leis", a lógica, a espiritualidade, que guiam ou fazem o processo de transformação que é a realidade? As respostas trazidas pelo *I ching* vão permitir lançar brevemente um olhar retrospectivo ao caminho percorrido até aqui. Se esse caminho tem um objetivo, é o de mostrar que a filosofia de Hegel não se reduz à afirmação da complementaridade entre um *yang* e um *yin*, ou entre a imediatez e a mediação, a afirmação e a negação. O que tentei mostrar é que esse princípio de complementaridade, longe de se aplicar mecânica ou cegamente a todas as situações encontradas (para, por exemplo, afirmar tudo e seu contrário, e depois reunir os dois), se conjuga, na realidade, com *duas outras grandes idéias*. A primeira, trazida à luz na *Lógica*, é o fato de que todo processo, toda transformação, implica igualmente *dois tipos diferentes de negação*, que vêm, por assim dizer, se intercalar entre o imediato (o em-si) e o mediatizado (o em-si-para-si). Trata-se da negação do *ser-aí*, ou diferenciação da coisa em relação a seu outro; e da negação do *para-si*, ou saída da coisa e afirmação de si. Cada transformação segue, pois, *quatro grandes momentos*: o *em-si*, o *ser-aí*, o *para-si* e o *em-si-para-si*. Ora, o *I ching* também distingue quatro grandes figuras que regulam o curso de toda transformação: o *grande yang* ═══, que pode ser traduzido[14] por *sim*; o *pequeno*

---

14. Cf. Sam Reifler, *Yi king, pratiques et interprétations*, Paris, Albin Michel, 1978, p. 22.

yang ═, que pode ser vertido para *sim mas*; o *grande yin* ═ ═, ou *não*; e o *pequeno yin* [══], *não mas*. Essas figuras têm, certamente, algo de formal e de abstrato, e Hegel não deixa de denunciar seu uso superficial e prosaico, que consiste em associá-las diretamente a situações concretas. Mas, ao mesmo tempo, ele não deixa de notar que a forma *ternária* clássica, que se encontra tanto em sua filosofia como no *I ching*, é obtida muito naturalmente juntando-se seja um *yin*, seja um *yang* a cada uma das quatro combinações dos dois traços formados assim. Descobre-se, então, oito "*trigramas*" diferentes.[15]

É claro que a filosofia de Hegel não se limita a dizer que tudo saiu do imediato (*yang*), nem da mediação (*yin*), nem que tudo é *mensurável* a partir da combinação de dois grandes tipos diferentes de negatividade ("sim mas" e "não"). Mas o *I ching* também não pára por aí. Em certo sentido, ele chega a seguir um caminho paralelo àquele que seguimos até aqui. Vimos que a *Fenomenologia do espírito* iluminava uma *terceira grande idéia* que nada mais tem de lógico ou de formal, mas que se prova, se experimenta, se pratica a cada vez de maneira singular: ela consiste em ver que o espírito, o sentido das coisas, se eleva de cada indivíduo até a realidade social, até a substância histórica, mas desce novamente também, como fazemos neste momento, da substância à consciência. Dito de outra maneira, o espírito se manifesta, se exterioriza, ali onde a história de cada um em particular e a história do mundo em geral entram em interação. Isso pode se dar em uma obra de arte, em um sentimento religioso, mas também, de

---

15. Como por exemplo [≡], que simboliza "o céu". Há também "a água", "o fogo", "o trovão", "o vento", "o lago", "a montanha" e "a terra". Assim, "pode-se dizer", comenta Hegel, "que tudo saiu da unidade e da dualidade... Mas vê-se bem, desde a quarta forma, que se vai rumo ao empirismo, ou antes, que se parte dele" (*Leçons sur l'histoire de la philosophie I*, trad. franc. (modificada) de J. Gibelin, p. 244).

maneira bem mais imperfeita, na aspiração subjetiva de uma consciência em agir no mundo, ou na maneira pela qual a realidade histórica influencia efetivamente nossas maneiras de ser ou de pensar.

Notemos que esse duplo processo, pelo qual o sujeito vem à substância e a substância vem ao sujeito, se manifesta de maneira singular e irreversível em cada situação. Quer uma situação seja vivida de maneira imediata ou, ao contrário, sob um modo mediatizado, ela exprimirá sempre uma relação bem precisa, bem particular, entre a ação do homem sobre a substância e a ação da substância sobre o homem. Na *Fenomenologia do espírito*, a ação do homem sobre a substância se exprime pela elevação da consciência individual até a moralidade do espírito, enquanto a ação da substância no homem corresponde à experiência artística, à revelação religiosa e ao saber absoluto. Ora, o fato notável é que o *I ching* também coloca em evidência essa complementaridade entre *atividade* e *receptividade*. Ele o faz de maneira bastante simples, superpondo dois *tri*gramas (escolhidos entre os oito possíveis) para formar um *hexa*grama: o trigrama colocado embaixo corresponderá à função "receptiva" ou *terrestre*; o trigrama superior simbolizará a função "criadora" ou *celeste*.[16] Assim, cada transformação "recebe" e "produz" ao mesmo tempo diferentes aspectos, os quais são obviamente sempre interpretados em termos de (pequeno e grande) *yin* ou *yang*. Se nos divertirmos contando todos os hexagramas diferentes, obtemos 64 casos de transformações ou figuras possíveis. É claro que Hegel jamais estabeleceu um tal catálogo. Mas ele também reuniu, conjugou as três grandes idéias

---

16. Por exemplo, no hexagrama seguinte, que tem como nome "o trabalho" [☰☰], o trigrama "vento" está abaixo do trigrama "montanha". Quanto ao hexagrama que tem "a montanha" embaixo e "o vento" acima, ele tem por nome "o desenvolvimento".

que acabei de recordar sumariamente (imediatez e mediação, negatividades primeira e segunda, devir-substância do sujeito e devir-sujeito da substância). Divertir-se em encontrar na filosofia hegeliana o que corresponderia a uma ou a outra das transformações descritas no *I ching* poderia, então, constituir um tipo de *jogo* dialético, uma maneira de redescobrir ou de reinventar as diversas figuras da *Fenomenologia* por exemplo. Fechemos esse parêntese lúdico para voltar à religião e à sua forma primeira, mágica.

Essa primeira forma vai certamente se transformar ao se mediatizar. Centrada inicialmente na magia, a religião natural vai se abrir, em um segundo tempo, à substância em geral, ou seja, a alguma coisa que *resiste* a qualquer tentativa mágica de dominação ou de adivinhação, a qual se venera a título de infinitude absoluta (etapa ilustrada pela religião hindu do brama). No entanto, a substância, descobrir-se-á em um terceiro tempo, nada mais faz que nos escapar: ela é tão portadora de sentido como o é, por exemplo, o combate da luz e do bem contra as trevas más na religião persa de Zoroastro. Entretanto, mesmo que esse combate tenha sentido, mesmo que se pense no conteúdo da substância, esta continuará perpetuamente a ser reinventada, reinterpretada, como deixam ver as figuras enigmáticas da religião egípcia. Por elas, o homem se dá conta de que não é apenas espectador ou objeto diante do divino, mas que é com o divino, um sujeito diante de outro sujeito. Quando se faz isso, passa-se da religião natural à religião da individualidade espiritual.

As religiões da individualidade espiritual

Encontrando-se doravante *diante* do divino, o sujeito se sentirá de início esmagado, derrisório face à onipotência, à intransigência e à unicidade de Deus (é isso que Hegel retém da religião hebraica). Mas pouco a pouco ele chegará a conceber sua própria liberdade, e a multiplicidade de suas manifestações, como o signo de que há *nele mesmo* algo de divino, e conceberá que esse divino não é *uno*, mas *múltiplo* (é a religião grega). Todavia essa liberdade, concebida como potência de agir, é sempre retomada pela realidade, pela necessidade ou pelo destino. Haveria, pois, uma lei universal e última à qual mesmo os deuses particulares deveriam se submeter. A religião, o divino, teria por vocação primeira legislar sobre tudo, estender seu poder à universalidade do ser. Essa tomada de consciência da finalidade universal do religioso já aparecia na religião romana, mas de maneira muito mais exterior, muito mais material, muito mais política, ao passo que o verdadeiro desafio é interior e espiritual. Apenas a religião cristã chegará a "cobrir" esse desafio, ou seja, chegará a representar adequadamente o sentido último das coisas, ou o conceito.

Mas não nos esqueçamos[17] de que o desafio jamais foi, nem aqui, nem alhures na obra de Hegel, classificar ou hierarquizar as *ilustrações* dos momentos do espírito. Não é o cristianismo *como tal* que aqui interessa Hegel, mas as *razões*, o *conceito* que ele representa. Se essas razões são mais "elevadas", mais "desenvolvidas", mais "concretas" que as de outras religiões que foram sumariamente evocadas aqui, isso certamente não se dá porque o cristianismo seria mais "autêntico" ou mais "verdadeiro" que as outras religiões. Nada em suas exigências, nada em suas aspirações ou em seu *dever-ser*, nada nos *acontecimentos* (*seres-aí*) descritos pelo Evangelhos, permite que se coloque o cristianismo acima das outras religiões. Simplesmente, o *fato é* (pelo menos na época em que Hegel concebe sua filosofia) que a mensagem cristã parece ter

---

17. Ver, neste livro, p. 91.

adquirido um valor *para-si*, ou seja, parece ter adquirido um valor autônomo, independente do destino da *religião* cristã. A história, cristã ou não cristã, parece ter *recebido* suas razões. Em que consistem, então, essas razões? O que as torna tão poderosas?

A religião manifesta

Até aqui as religiões estavam como que diaceradas entre o natural e o humano, entre a substancialidade e a subjetividade; para as religiões da natureza o mais importante era o que *subsistia* para além das gerações, para além da sorte e desdita humanas: o homem fazia parte de um todo, só o vasto e profundo movimento dessa totalidade poderia reconciliá-lo com seu destino, isto é, com ele mesmo. Para as religiões da subjetividade, ao contrário, o mais importante era a maneira pela qual o *homem* vivia o divino. Era em sua ligação com Deus que o sujeito fruía sua vida: escolher a religião era escolher a obediência em lugar do desrespeito (judeus), a liberdade em lugar da escravidão (gregos), o universal em lugar do incivismo (romanos). Mas como conciliar essas duas atitudes: a *aceitação* das coisas ou de uma via e a *escolha* de uma coisa ou de uma via em vez de outra?

Seria um pouco fácil demais seguir um atalho no raciocínio explicando beatificamente que o cristianismo consegue chegar à conciliação porque ele *aceita* a onipotência de Deus pai, faz sua a faculdade de *escolha* de Jesus, o filho, e em seguida reconcilia os dois extremos no e pelo espírito santo. É verdade que o discurso teológico manipulará maravilhosamente essas três funções dialéticas (o Pai em si, o Filho para si, o espírito em si para si), nas quais Hegel até reconhece o próprio conceito tornado visível ou advindo à representação. Mas sentimos bem, e Hegel não deixará de notá-lo, que toda a fraqueza do cristianismo consiste precisamente em representar o que deveria ser vivido, em separar o que não pode sê-lo, em resumo, em se apegar a uma visão exterior e estática. Tentemos, pois, penetrar mais intimamente o movimento pelo qual a *aceitação* da substância leva, no cristianismo, primeiro à livre *escolha* e depois à verdadeira *liberdade*.

Tudo se passa como se o processo que a lógica decompôs formalmente em quatro etapas ganhasse aqui o valor de conteúdo. O primeiro momento, o da imediatez simples do em-si, corresponde, poder-se-ia dizer, a Deus antes da criação do mundo. Estamos no "reino do Pai": o ser simples, igual a si mesmo, imerso em um momento de quietude que, contrariamente ao que se poderia acreditar, não exige necessariamente a inquietude, a desigualdade, a ruptura. O que é verdade é que um estado de estagnação, de incapacidade em avançar ou em se refletir, arriscaria suscitar a inquietude. O ser também deve, para permanecer igual a si mesmo, *devir*. A potência da realidade implica sua potência de se *determinar*, sua capacidade de mudar, de se transformar nesta coisa *aqui* ou naquela outra coisa *aí*. Estamos, pois, prestes a passar do ser ao ser-aí, mas sem deixar o reino do Pai, pois nenhuma angústia, nenhum conflito humano se imiscuiu ainda nesse momento de pura aceitação. Simplesmente, Deus se particulariza, realiza sua potência, por exemplo, tornando-se o Verbo. Ora, essa diferença entre o ser e o ser-aí, esse fluxo permanente de Deus ao Verbo e do Verbo a Deus, deixa invariável uma coisa ou, para dizer de outra maneira, significa sempre uma só e mesma coisa. De que se trata? Da potência de Deus, da possibilidade que ele tem de se determinar. Essa potência pode, pois, ser posta *para si*, ou seja, independentemente da maneira pela qual Deus se determina. Com essa irrupção do para-si assistimos ao momento em que, saindo do fluxo que vai da aceitação ao objeto aceito e do objeto aceito à aceitação, a *potência* de aceitar (ou não), e portanto de escolher, se revela em sua autonomia. Estamos ainda no reino do Pai (pois este é também o Onipotente), mas a possibilidade de vê-lo criar um outro reino (o do Filho) está agora realizada. Enfim, para que se realize concretamente essa possibilidade conforme à quietude do pai, determinar-se-á um mundo que, à maneira do Verbo, reproduzirá a grande quietude e a onipotência de Deus: esse em-si-para-si é o jardim do Éden, de uma só vez coroamento do reino do Pai e primeira etapa do reino do Filho. Mas, antes de passar a esse novo reino, detenhamo-nos no do Pai para refletir sobre os conteúdos novos que vieram enriquecer, colorir o processo dialético.

A primeira coisa a se notar é que o reino do Pai constitui um círculo inteiro: ele se transforma, mas, no termo dessa transformação, ele é reconduzido no mesmo movimento e perdura, então, em uma transformação igual a si mesma. Assim, sai de toda "figura", de toda situação, de todo estado de transformação: o fato de estarmos em devir não significa que somos de uma só vez projetados, arrastados para uma transformação de outro tipo. Cada devir tem sua lógica própria, que o leva a se manter. Notemos, em seguida, que há sempre um momento de liberdade no interior desse devir. É o momento do para-si. Deus, refletindo sobre sua potência de determinação, *escolhe* criar o mundo *ou não*, determiná-lo desta *ou* daquela maneira, etc. Mas é preciso acrescentar logo em seguida que, passado o momento do para-si, essa liberdade-*aí*, essa liberdade de *escolha*, escapa até a Deus. O mundo criado é uma realidade inteiramente à parte. Ele conhecerá, pois, seu próprio devir, sua própria autodeterminação. O fato de que sejamos livres em nosso devir não significa que o dominemos. Razão pela qual nós entramos agora no reino do Filho.

Até agora a escolha se deu como faculdade de imprimir determinações em geral. Mas essa potência ainda é muito abstrata, sem verdadeiro conteúdo, uma vez que ela nada mais fez que reproduzir a quietude, a aceitação de si do Pai. Ela pode, entretanto, determinar-se melhor adquirindo um conteúdo, ou seja, tornando-se potência de escolher isso ou aquilo. Então não é mais Deus que escolhe, mas uma consciência que se particulariza, se diferencia por sua própria escolha. Notemos que essa consciência nascente ainda não é distância, recusa de Deus, mas antes sentimento passivo de ser o outro de Deus, de ser visto por Deus, como Adão e Eva no jardim do Éden. A consciência tem o sentimento de sua alteridade, mas nem por isso põe escolhas *outras*, contentando-se em seguir a via, a dinâmica na qual foi colocada. É, poder-se-ia dizer, o momento da inocência, ou, ainda, da infância. A etapa seguinte, a do para-si, surge da mesma maneira (pelo menos do ponto de vista formal) que no reino do Pai: a consciência percebe que ela pode pôr, por si mesma, ou seja, independentemente dos conteúdos de suas escolhas, sua faculdade de se opor a Deus. O homem se descobre em ruptura com a natureza, com sua natureza. Na tradição cristã, esse momento corresponde à revolta dos anjos, ou, ainda, ao pecado original de Adão e Eva. Mas ele remete também, de maneira mais geral, à passagem da infância à adolescência: a idéia de aceitar as coisas sem trabalhar, sem exercer sobre elas sua marca, sua vontade, seu poder de determinação, torna-se insuportável para a consciência. Esta se encontra inteiramente plena de uma exigência de ação, de eficácia, sob a condição de perder de vista a necessidade que a fez nascer. Ela encarna também o mal, por oposição a essa necessidade boa. É preciso notar que essa irrupção do mal não se limita a um momento particular: não só o homem livre traz o mal ao se desligar da necessidade, mas ele também permite que esse mal se *reproduza*, pois, como o reino do Pai havia já mostrado, aquilo mesmo que é trabalhado, determinado, realizado, escapa em seguida a nosso controle, a nossas intenções "boas" ou "más". Em outras palavras, a "liberdade" de fazer o mal ou o bem (de escavar sua diferença ou de diminuir a ruptura) é rapidamente absorvida pelo movimento necessário, pelo curso ineluctável das conseqüências, boas ou más, de nossos atos. É, no entanto, desse momento de liberdade fugaz, precária, que surge a "solução" ao problema do mal, a realização final do reino do Filho. Esse reino alcança, com efeito, seu em-si-para-si através da vida, da morte e da ressurreição de Jesus. Mas como isso é possível?

É preciso antes de tudo ver que Jesus, considerado como em-si-para-si, não vem para aniquilar o para-si, não vem suprimir o mal. Contrariamente ao que dirá a tradição católica, Jesus não vem para "apagar" nossos pecados, mas para reconhecer o mal como afirmação mediada do divino. Aí reside toda a novidade de sua mensagem. Já havíamos aprendido, ao termo do espírito objetivo, que o mal, a distância, a negatividade, constitui um momento crucial do desenvolvimento da liberdade, um momento que é até bem mais importante que a inocência ostentada pela bela alma, por exemplo. Ao se encarnar, morrer e depois ressuscitar, Jesus exprime isso de maneira bem mais sensível, profunda e verdadeira: o fato de o divino se *encarnar* nele implica que é preciso passar por um estado de fragilidade, de imperfeição, de corrupção para realizar sua liberdade. O fato de que Jesus *morre* implica que esse estado tem finalmente razão em nós, razão em Deus em sua quietude formal, razão em nossos ideais abstratos: com a crucificação "não morre somente o envoltório já morto, subtraído da essência, mas também a abstração da essência divina".[18] O fato de que Jesus *ressuscite* é o que foi

---

18. *Phénoménologie de l'esprit*, trad. franc. J. Hyppolite, II, p. 287.

mais mal interpretado: a ressurreição foi freqüentemente compreendida como o triunfo do "bem" sobre o "mal". Mas ela implica, antes, que *a ação de Jesus sobreviveu a sua morte* corpórea. E, portanto, que o reconhecimento, a aceitação, o perdão do mal, aos quais ele consagrou sua existência, continuam a viver no espírito. Esse reconhecimento, essa aceitação, devem ser sempre recomeçados, renovados, não mais pelo próprio Jesus, mas pela comunidade dos homens unidos no espírito santo. Razão pela qual penetramos no terceiro e último círculo, o reino do espírito.

A mensagem, o sentido de que se alimenta este último reino é, pois, o de reconhecer e perdoar o "mal". Incansavelmente, continuamente, *aceitar* estas más *escolhas*, consentir essa alteridade, pela qual a vida deve transitar sem cessar. Mas aqui ainda a liberdade do Filho termina onde começa a do espírito, a qual ele gerou: o fato é que, diz Hegel, a comunidade de cristãos não realizou em si de maneira durável o espírito. Acreditando *reconhecer* o mal, ela se contentou em *identificá-lo*, em etiquetá-lo. Ela fixou na representação o que é movimento, devir. Ela considerou, portanto, ora que a redenção tinha acontecido de uma vez por todas em Jesus Cristo, e que os homens de fé aproveitariam isso doravante (catolicismo), ora que os homens estão irremediável e inteiramente do lado do mal, sem possibilidade de se salvar (protestantismo). O hábito cultural cristão[19], a alienação do espírito de si mesmo, surgiu, portanto, desde o início da era cristã, desde o instante em que, o reino do Filho dando lugar ao da comunidade dos cristãos, a interação do mal e do bem foi substituída pela sua hierarquização. É por isso que o reconhecimento do mal, em lugar de ser sempre e eternamente recomeçado,

---

19. Ver, neste livro, p. 114 ss.

não tem lugar antes que aconteça, e fracasse, a Revolução Francesa. Isto é, antes que uma bela intenção transite pelo mal e reconheça isso.

A filosofia ou o saber absoluto

Somos, assim, levados para a última etapa, ou seja, para a necessidade de *conceber* filosoficamente o que o espírito religioso apenas fixou na *representação*. O saber absoluto, última etapa do percurso dialético, não é, no entanto, um saber acabado, perfeito, insuperável, que tenha, por exemplo, a chave última ou a justificação final da história.[20] É um saber filosófico, uma reflexão perpetuamente recomeçada sobre a necessidade de passar pela mediação – o outro, o negativo, o finito ou o mal – para compreender e agir. É, portanto, o pensamento refletindo sobre si mesmo como mediação de todas as mediações, "silogismo de todos os silogismos". Lembremos que a operação da mediação tem em Hegel um sentido bem particular: não se trata simplesmente de encontrar um "termo médio", um "compromisso", um "ponto comum" ou um "traço de união" entre dois opostos, mas de extrair da imediatez de um processo ou de uma coisa considerados como "dados", de colocar *fora* desse processo, ou como independente dele, uma certa diferença, uma determinação particular. Em outras palavras, a mediação permite descobrir ou inventar uma outra "dimensão", uma realidade mais ampla e concreta, que se revelou como o *devir* quando se partiu da oposição imediata entre o ser e o nada; que foi o *espírito* quando se abordou a diferença entre a lógica e a natureza; e que agora é a *filosofia*, desde que se confrontou a oposição entre a exterioridade da história (ou

---

20. Ver, neste livro, p. 56.

da arte) e a interioridade da religião (ou do cristianismo). A mediação não "reconcilia" nada no sentido de abolir as diferenças. É exatamente o contrário; essas diferenças, vistas anteriormente em sua oposição abstrata, são integradas por ela em um contexto mais amplo, mais vivo, mais complexo e, ao mesmo tempo, mais próximo da realidade, portanto mais concreto. Tentarei, então, ser concreto explicando o mais claramente possível o que Hegel propõe através do saber absoluto.

Bem que se gostaria de ter desse saber uma intuição única, global. Mas Hegel nos convida a ter mais paciência e mais trabalho. Será preciso ainda, para pensá-lo, apelar para a atividade de separar. Ainda será preciso passar e repassar pelos diferentes momentos do espírito, arriscar o fracionamento, as divisões, as traições do entendimento. Claro que já sublinhamos os limites e os inconvenientes desse entendimento. No entanto, o homem só avança usando essa potência de morte e de decomposição que parece enlamear seu espírito. E, uma vez que é preciso escolher uma figura entre outras para *ilustrar* o que se aproxima mais do saber absoluto, é a "bela alma" que Hegel termina por selecionar – mas uma bela alma que teria aceitado sujar as mãos:

> O conceito... tem, como todos os outros momentos, a forma de ser uma figura particular da consciência. – Ele é pois essa parte da figura do espírito certa de si mesma... que foi nomeada a bela alma... não somente a intuição do divino, mas a intuição de si do divino... Essa figura... entretanto abandona sua essência eterna, é aí de uma maneira determinada, ou age... Enquanto esse movimento de cisão é o movimento de devir para-si, ele é o mal, enquanto é o em-si, ele é o que permanece o bem.[21]

---

21. *Phénoménologie de l'esprit,* trad. franc. J. Hyppolite, II, p. 299-301.

A bela alma que aqui entra em cena não se encontra mais, pois, em retirada, não se isola mais na pureza. Ela aceita agir, ou seja, entrar no mal e arriscar a morte com conhecimento de causa, uma vez que ela foi a bela alma. Ela integra, no fundo, a mensagem cristã: assim como Deus abandonou seu estado de quietude e de pureza, assim como ele deixou seu estatuto de "bela alma" para se tornar primeiro Verbo e, depois, se encarnar entre os homens, o homem só viverá livremente aceitando a possibilidade de se perder no outro e, portanto, de morrer. Essa valorização da negatividade, e até mesmo da morte, foi freqüentemente mal compreendida. Com efeito, como não se inquietar com essas palavras famosas de Hegel, segundo as quais o espírito verdadeiramente vivo deve "carregar a morte, se manter nela", e finalmente encontrar sua verdade no "absoluto dilaceramento"?[22] Ao passo que a mensagem religiosa cristã é, em princípio, uma mensagem de vida e de amor, eis que o saber absoluto parece reter apenas seus aspectos negativos ou mórbidos:

> Por que preferimos a qualquer outra narrativa aquela do amor impossível? É que amamos a queimadura, e a consciência do que queima em nós. Ligação profunda do sofrimento e do saber. Cumplicidade da consciência e da morte! Hegel pôde fundar sobre ela uma explicação geral de nosso espírito e mesmo de nossa história.[23]

E no entanto Hegel desconfia da fascinação pela morte. "O espírito vivo diz: Deixe os mortos enterrarem seus

---

22. *Phénoménologie de l'esprit*, trad. franc. J. Hyppolite, I, p. 29.
23. Denis de Rougemont, *L'amour et l'Occident*, Paris, Plon, col. 10/18, 1972, p. 54. [Ed. bras.: *O amor e o ocidente*, Rio de Janeiro, Editora Guanabara, 1988.]

mortos e siga-me".[24] Mas desconfiar simplesmente não basta, não serve para nada. É antes saindo do sentimento imediato – fascinação ou repulsa – que nos une à morte que chegaremos a explicá-la. Descobre-se, então, que a morte é precisamente o que subtrai ao objeto ou ao ser sua vida *imediata*. Ela é a primeira, a mais elementar de todas as *mediações*, aquela que nos faz compreender que a *verdadeira vida* não é tensão imediata, exigência imediata, dever-ser imediato, mas também superação desse dever-ser. Nesse sentido, Hegel não liga o amor e a morte como se ligaria, em uma má rima, duas tensões sublimes, duas fascinações por aquilo que se oculta sempre à nossa empresa: ele martela, ao contrário, que nem a atração nem a repulsa *imediatas*, nem o amor nem a morte, constituem a chave. A morte em vão é a primeira de todas as mediações; o amor (pelo outro e por si mesmo), a forma mais alta da livre aceitação da diferença; como sentimentos *imediatos*, os dois devem ser superados.[25] A morte imediata, o amor imediato, o amor *pelo* imediato, eis precisamente o que o saber absoluto denuncia. Nós amamos o amor, mas não *sabemos* amar.[26]

Esse amor do imediatamente experimentado, do imediatamente desejado ou do imediatamente pensado não caracteriza somente a ideologia romântica do início do século XIX. Todos nós vivemos esses momentos em que se desencadeia em nós uma certeza absoluta, que logo se desfaz. A presunção, a impaciência, o furor, por tudo o

---

24. *Leçons sur l'histoire de la philosophie*, Introdução, trad. franc. J. Gibelin, p. 156. Paráfrase do convite lançado por Jesus a um de seus discípulos (*Mateus*, 8, 22).
25. *Phénoménologie de l'esprit*, trad. franc. J. Hyppolite, I, p. 18 e 71.
26. Tomo de empréstimo essa fórmula de André Comte-Sponville, *Petit traité des grandes vertus*, Paris, PUF, 1995, p. 127 [ed. bras.: *Pequeno tratado das grandes virtudes*, São Paulo, Martins Fontes, 1995].

que se dá como imediatamente verdadeiro, imediatamente bom, imediatamente belo, pertence a todas as épocas. A *filosofia* de Hegel ensina, e explica, que o devir da consciência a leva a superar essa imediatez, e a voltar a ela sem cessar; que as mediações da história levaram os homens a *exigir* que de sua vida se fizesse uma obra *correta*, ou seja, formalmente *bela*; que o movimento da religião os levou a *experimentar* um certo conteúdo, ou seja, a universalidade do *bem*; que essa exigência e esse sentimento, embora resultantes de uma sucessão de mediações, são ainda muito imediatos, que eles se opõem em sua unilateralidade; que é preciso buscar a unidade deles, passar ao conceito, ou seja, conceber que a beleza, para ter a força do bem, deve aceitar uma certa ausência de forma e de conteúdo, uma certa indeterminação, como "o que a suporta e se mantém nela". Apenas a verdade pode reconciliar o belo e o bem. Ora, a verdade é que o homem não deixará nunca de encontrar obstáculos a suas exigências, desmentidos a seus sentimentos e que, para enfrentar isso, o *entendimento somente* pode, "de um obstáculo, derivar uma alavanca".[27] O saber absoluto não se compraz no recenseamento de nossa "finitude" e de nossas "limitações"; ele volta ao trabalho lógico como meio de invenção livre e de descoberta.

Voltando, assim, ao trabalho fragmentário e insatisfatório do entendimento, poder-se-ia dizer que Hegel convida o filósofo que saiu da caverna a se elevar *ao* espírito, a voltar para dentro da caverna, isto é, *dentro* do espírito. Para dizer a verdade, essa imagem platônica da caverna e do sol é oportuna, pois é precisamente na obscuridade,

---

27. A. Philonenko, *Lecture de la Phénoménologie de Hegel* [*Leitura da Fenomenologia de Hegel*], Paris, Vrin, 1993, p. 61. Ver também o que eu disse precedentemente sobre as noções de *momento* e de *alavanca*, p. 36 ss.

na noite, que o conceito pode se realizar. Hegel comparou muitas vezes o pensamento filosófico à coruja de Minerva que, no cair da noite, percebe enfim a verdade e pode lançar um olhar retrospectivo para o que aconteceu. Contrariamente à águia, pássaro solar de visão penetrante, freqüentemente associada a Zeus ou Júpiter, a coruja, emblema de Atenas ou de Minerva, só pode suportar o *reflexo* lunar da luz. É isso que gera toda a clarividência. Dotada de conhecimento racional e não imediato, de reflexão e não de intuição, ela não *vê* diretamente as coisas, mas as *reconhece* através de suas sombras, de seus signos:

> Para dizer ainda uma palavra do fato de ensinar como o mundo deve ser, a filosofia chega todavia sempre muito tarde para isso. Enquanto pensamento do mundo, ela só aparece na época em que a realidade efetiva acabou seu processo de formação e terminou com ele. O que o conceito ensina, a história necessariamente mostra também, a saber, que é somente na maturidade da realidade efetiva que o ideal aparece diante do real, e que concebe por si mesmo o mesmo mundo em sua substância, e o edifica na figura de um reino intelectual. Quando a filosofia pinta seu cinza sobre cinza, é que uma figura da vida se tornou velha, e não se pode rejuvenescê-la com o cinza sobre cinza, apenas conhecê-la; a coruja de Minerva só alça vôo ao cair da tarde.[28]

Assim, o filósofo só é capaz de refletir sobre o conceito, de apreender todas suas mediações, quando a história acabou seu trabalho. A expressão "fim da história", pela qual tanto se censurou Hegel, não se encontra em parte

---

28. *Principes de la philosophie du droit*, prefácio, trad. franc. J.-L. Vieillard-Baron, Paris, GF Flammarion, 1999, p. 76.

alguma de sua obra. Ele apenas diz que o que foi requerido por uma série de mediações só pode ser refletido em sua totalidade quando a série das mediações atingiu aquele que a pensa. Isso não significa que nenhum avanço, nenhuma mudança, terá lugar em qualquer domínio, mas exatamente o contrário: o fato mesmo de refletir sobre essa totalidade gerará novos passos que se transformarão na história para os filósofos seguintes. Nada é jamais jogado, tudo está a se fazer, *prestes a se fazer*. Proclamando o advento do saber absoluto, Hegel não concede a si mesmo nenhum prêmio de excelência; ele *corre o risco de pensar no presente*. Isso quer dizer que, sem se abrigar por trás de alguma transformação *futura*, algum projeto *futuro*, ele pretende assumir *todas* as contradições que sua época *herda*. O saber absoluto consiste em pensar *como filósofo*, ou seja, *não somente* como ser lógico, como homem de ciência, homem de ação ou de paixão, mas na unidade presente, e atuante, dessas diversas maneiras de ser. É por isso que, além da coruja, um outro animal aparece freqüentemente em Hegel, traduzindo desta vez o caráter perpetuamente atuante e criativo do pensamento. O pensamento, diz ele, é como uma *toupeira* que, como o pulsar do organismo, exerce cegamente seu impulso. Contrariamente à coruja, a toupeira não "olha" para trás de si, para o passado, mas trabalha, participa do que está se fazendo. Ativa e não contemplativa, ela escava seu próprio caminho, transforma a realidade. Mas o importante é ver que agora mais nada opõe verdadeiramente a toupeira e a coruja. As velhas oposições filosóficas entre as perspectivas prática e teórica, entre o realismo e o idealismo, entre a liberdade e o determinismo, encontram no saber absoluto seu lugar de unificação, que é a *negatividade*: a toupeira e a coruja têm em comum, com efeito, o fato de que ambas progridem *na* obscuridade, *graças* à obscuridade. Ambas têm a necessidade de, para compreender as coisas ou para agir sobre elas, tomar distância em relação à claridade das verdades, a necessidade de fugir da clareza das evidências, de se direcionar para o outro da identidade, para o outro do saber.

O destino do hegelianismo

> Hegel está na origem de tudo o que é feito de grande na filosofia há um século – por exemplo, do marxismo, de Nietzsche, da fenomenologia e do existencialismo alemão, da psicanálise; ele inaugura a tentativa de explorar o irracional e integrá-lo em uma razão alargada, tentativa que permanece a tarefa de nosso século. Ele é o inventor dessa razão mais compreensiva que o entendimento e que, capaz de respeitar a variedade e a singularidade dos psiquismos, das civilizações, dos métodos de pensamento e da contingência da história, não renuncia, entretanto, a dominá-los para os conduzir a sua própria verdade. Mas acontece que os sucessores de Hegel insistiram menos sobre o que deviam a ele que sobre o que recusavam de sua herança.[29]

A filosofia de Hegel, escuta-se freqüentemente, é um sistema ao qual nada pode escapar, uma totalidade fechada sobre si mesma. Mas uma rápida olhada pela história de sua recepção basta para mostrar que cada um dos grandes momentos dessa "totalidade", cada uma de suas principais articulações, contém múltiplas tensões ou interrogações que suscitam não somente interpretações divergentes, mas também a criação, a invenção de novos pontos de vista. Esquematizando, poder-se-ia dizer que a história da recepção de Hegel segue o movimento *inverso*

---

29. M. Merleau-Ponty, *Sens et non-sens*, Paris, Nagel, reed. 1966, p. 109-10.

de seu sistema. Como se se desmontasse, se desdobrasse pouco a pouco a estrutura que Hegel teria elevado. Assim, num primeiro tempo os debates são focalizados no *espírito absoluto*, e mais especialmente no papel que tem aqui a *religião*. Depois é o espírito *objetivo*, em particular a filosofia *política*, que contribuirá para a formação de novas visões de mundo, como o marxismo. Enfim, o século XX, prolongando essas duas linhas de reflexão, descobrirá no *espírito subjetivo*, na vida da *consciência*, o que inspira a fenomenologia, o existencialismo e a psicanálise. É claro que o sistema não é ainda, nesse estágio, totalmente "desdobrado". Espera-se, ainda hoje, grandes debates sobre as filosofias hegelianas da *natureza* e da *lógica*. Mas já percorremos os três grandes momentos que acabam de ser evocados apenas para situar, em relação a eles, a perspectiva deste pequeno livro.

Tudo começa em 1835, quatro anos após a morte de Hegel, com a publicação por um de seus antigos alunos na Universidade de Berlim, David Friedrich Strauss, de *A vida de Jesus*. Essa publicação surge em um contexto tenso. Mais ou menos por toda a Europa, os partidários do espírito *laico* das revoluções Francesa e Americana se opõem aos defensores dos valores *religiosos* sustentados pela Restauração. Nesse contexto, Strauss coloca a questão fundamental da *verdade histórica* dos fatos narrados no Novo Testamento; e convoca, para responder a ela, a filosofia de Hegel: os Evangelhos nos fornecem uma *representação* carregada de sentido, mas não apresenta de maneira nenhuma a *realidade efetiva (conceito)* do que é ou foi. Dito de maneira mais simples: Jesus existiu sem dúvida, mas foi a *humanidade* que construiu seu mito, foi a humanidade que *divinizou* a si mesma dando para si os Evangelhos como nova religião. O livro de Strauss é explosivo: não somente inverte o argumento religioso atribuindo ao *povo* a responsabilidade pelo conteúdo de suas crenças, mas, mais que isso, ele contradiz um dos princípios fundamentais do cristianismo, a saber, a transcendência de Deus. Evidentemente que se coloca aqui o problema de saber se Hegel teria assinado uma interpretação como essa...

Uma cisão é criada entre aqueles que serão chamados os *velhos hegelianos*, para quem isso está fora de questão, e os *jovens hegelianos*, partidários da tese inversa. Essa cisão, fundada de início sobre motivos puramente religiosos, vai, pouco a pouco, se alargar, se propagar como uma onda para todos os aspectos da filosofia hegeliana. Os "velhos hegelianos" (Marheineke, Förster, Hinrichs, etc.) sublinharão o papel do *espírito absoluto* e o lugar central que a religião ocupa nele: especulação filosófica e sentimento religioso, exigência (racional) de coerência e atenção (romântica) pelo singular devem se ligar constantemente, se misturar, naqueles que querem atingir a "totalidade concreta" de cada coisa. Essa linha de pensamento, que é globalmente a linha do *idealismo alemão*, ganhará pouco a pouco a filosofia "idealista" inglesa de um Bradley (1846-1924) ou de Bosanquet (1848-1923). Em oposição, os "jovens hegelianos" insistem no *espírito objetivo*, nas condições *históricas* que pesam sobre os indivíduos.[30] Dá um olhar inteiramente diferente sobre a religião. Ela é, diz Feuerbach (1804-72), uma criação humana forçada pela história: o homem foi constrangido pelo meio material e social a projetar para fora de si seu desejo infinito; ele inventou, assim, um Deus que nada mais faz que concentrar sua própria potência, mas que o

---

30. Essa linha que insiste nas condições materiais e concretas de todo desenvolvimento ganhará, também ela, certos pensadores americanos, como os "pragmáticos" Peirce (1839-1914) e Dewey (1859-1952), ambos grandes leitores de Hegel.

faz de maneira exterior e alienante.[31] Conseqüentemente, dirá Marx (1818-83), toda crítica do que é imposto aos homens começa sempre por uma crítica da religião.

Retomando essa tensão entre o espírito absoluto e o espírito objetivo, retomando o combate especulativo a que se entregaram os "velhos" e os "jovens" hegelianos, dois outros filósofos adotam sobre a questão do religioso posições que, em certo sentido, exprimem o mesmo antagonismo, mas transposto do terreno da especulação para o da sensibilidade. Kierkegaard (1813-55) e Nietzsche (1844-1900) têm em comum o fato de condenar em Hegel o espírito de sistema em nome da defesa de uma certa forma de *imediatez*. Mas a comparação pára por aí. Porque, se a imediatez de Kierkegaard é de ordem religiosa, a de Nietzsche pertence à materialidade do corpo ou dos instintos. O que é *recebido* do alto em Kierkegaard, é *obtido* ou conquistado por baixo em Nietzsche. A oposição "abstrata" entre idealismo e historicismo toma aqui, pois, a forma mais concreta de uma tensão entre *receptividade* e *vontade*. Dom escandaloso da graça, paradoxo incompreensível da fé, experiência angustiada do absurdo em um; fulguração da vontade, desprezo pela religião, afirmação alegre da vida em outro. Conseqüentemente, Nietzsche censura em Hegel a idéia de *superação na contradição*, verdadeira antecipação, diz ele, do "princípio darwinista segundo o qual as idéias *saem umas das outras*".[32] Kierkegaard, por sua vez, quer, no limite, reconhecer uma qualidade em Hegel, mas exatamente inversa: a de ter compreendido que a *renúncia aos instintos* constitui uma

---

31. Ludwig Feuerbach, *Contribuição para a crítica da filosofia hegeliana*, 1839; *A essência do cristianismo*, 1841; *A essência da religião*, 1845. Cf. também Moses Hess, *A história santa da humanidade*, 1837, e Bruno Bauer, *Crítica da história evangélica dos sinópticos*, 1841.
32. F. Nietzsche, *A gaia ciência* (1883-87), § 357.

passagem obrigatória.[33] É claro que ambos defendem fundamentalmente uma visão – aliás muito propalada hoje em dia – radicalmente oposta à de Hegel, na medida em que, para um como para o outro, *a elevação do homem não requer nenhuma mediação; não saímos da imediatez*. Mas quando se pergunta qual é a verdade última dessa imediatez, vê-se o ressurgimento imediato da velha tensão inerente ao hegelianismo, porque essa verdade é *religiosa* em Kierkegaard e *instintiva* em Nietzsche.

Hoje em dia é quase impossível ler Hegel ou se interessar por sua influência sem chegar, mais cedo ou mais tarde, no problema do estatuto do religioso, e mais geralmente na tensão entre as interpretações "idealistas" e "historicistas" de sua filosofia. Na origem dessa tensão há uma questão relativamente simples: a religião é uma *simples etapa* rumo ao saber absoluto ou *o principal momento* do acabamento do espírito? Ela é um extravio da *representação* ou a exigência crucial da *receptividade*? A interpretação que tentei desenvolver aqui é que não é preciso tirar nada da potência conceptual do religioso. Mas que se pode, ao mesmo tempo, considerar inteiramente a *arte* como uma alternativa, uma maneira tão fecunda quanto a religião, de *receber* o sentido. A arte, diz Hegel, constitui *em si mesma* uma via de acesso – obviamente mais *prosaica* – ao saber absoluto.[34]

Apenas dois anos depois da publicação do livro de Strauss sobre a vida de Jesus, a oposição entre "velhos" e

---

33. S. Kierkegaard, *Temor e tremor* (1843) (reed. franc. Aubier, 1984, p. 83). A "passagem obrigatória" que está em questão é, de fato, o sentimento *moral* de pertencer ao universal (ver, neste livro, p. 117-20). Para mais detalhes sobre Kierkegaard, e principalmente sobre sua relação com Hegel, pode-se ler proveitosamente Charles Le Blanc, *Kierkegaard*, São Paulo, Estação Liberdade, 2003 (col. Figuras do Saber).
34. *Esthétique*, trad. franc. C. Bénard, revista por B. Timmermans e P. Zaccaria, I, p. 631.

"jovens" hegelianos adquire um aspecto claramente político. Strauss produz um *Escrito polêmico em minha defesa* (1837) no qual classifica os velhos hegelianos à "direita" e os "jovens" à esquerda. Os velhos hegelianos, detentores de postos-chave nas universidades alemãs, serviriam à política conservadora e nacionalista do Estado prussiano em via de formação, ao passo que a "esquerda hegeliana", bem cedo exilada da Alemanha, reteria da dialética sobretudo a importância da *contradição*, e até da *revolução*, como fator de progressão na história. Não é seguro que uma oposição assim tão marcada corresponda inteiramente à realidade. Particularmente, certos "velhos hegelianos" (como, por exemplo, Marheineke) não eram especialmente favoráveis ao regime vigente. Os "hegelianos de esquerda", por outro lado, logo se dividiriam em diferentes correntes (humanismo de Feuerbach, anarquismo de Stirner, socialismo de Marx e Engels), para só ter em comum sua oposição ao caráter idealista do sistema de Hegel. Não há dúvidas de que essas reflexões em torno dos desafios políticos do hegelianismo estão na origem de uma das mais importantes correntes de pensamento que o século XX conheceu, isto é, o marxismo. Entre 1842 e 1844 o jovem Marx escreve sua *Crítica à filosofia hegeliana do direito*. Hegel, reconhece ele, apreendeu bem a realidade econômica e social de nossas sociedades. Mas ele cometeu o erro de querer "superá-la" pelo viés de um Estado, de uma burocracia, de uma administração erigidas como valor absoluto. Ora, são os indivíduos que fazem o Estado, e não o inverso. Portanto, deve-se servir às necessidades *imediatas* e *privadas*, não a um universal idealizado. Estes serão os primeiros preceitos do "materialismo dialético". Será preciso acrescentar que não é certo que aqueles que se inspiraram nele não permaneceram sempre fiéis?

Tentei mostrar, de minha parte, que a especificidade da filosofia política de Hegel não é servir o Estado pelo

Estado. Só se apreende essa especificidade quando lembramos da distinção crucial entre os dois grandes tipos de negatividade ou de oposição que são a negação pelo *ser-aí* e a negação pelo *para-si*.[35] Para Hegel, as condições de vida socioeconômica constituem uma realidade imediata inegável, uma sucessão de *seres-aí* que implica a possibilidade de *oposições* entre exploradores e explorados. Mas a construção do político passa pela consideração de um *outro tipo de oposição*, ou seja, passa pela reflexão do caráter *para-si* do valor de troca: o próprio fato de que cada um busque satisfazer seus interesses próprios contribui para *autonomizar* o valor do dinheiro. É precisamente porque a lógica do capital obedece a esse princípio de autonomização que um Estado é necessário. Não como um fim em si. Não como um fiador da prosperidade dos capitais. Mas para controlar, regular o caráter *para-si* do dinheiro, reconhecendo a importância – e o *conteúdo* – da *representação* dos bens, das pessoas e dos valores. O Estado *leva ao pé da letra* a lógica econômica de nossas sociedades: uma vez que nela tudo é função de *representações* que a sociedade produz *para si mesma*, sem se preocupar mais com os indivíduos, dediquemos a essa representação a atenção que ela merece, *voltemos* a seu sentido *concreto*. Isto é, *ajamos em nome de*, e *mostremos*, os direitos, interesses e liberdades de todos.

É preciso esperar pelos anos 1930 para que se ilumine um terceiro grande foco de reflexão[36], desta vez centrado na *Fenomenologia do espírito*. Como eu já havia dito[37],

---

35. Ver, neste livro, p. 24-45.
36. No meio tempo, a tensão entre *espírito absoluto* e *espírito objetivo*, entre "idealismo" e "historicismo", não deixou de se renovar na tradição hegeliana da Itália, desde Augusto Vera (1813-85) até Benedetto Croce (1866-1952), passando por Bertrando Spaventa (1817-83), Giovanni Gentile (1875-1944) e Antonio Gramsci (1891-1937).
37. Ver, neste livro, p. 88 ss.

Alexandre Kojève ministrou de 1933 a 1939 na École Pratique des Hautes Études lições sobre a *Fenomenologia do espírito* que marcaram toda uma geração. Assistiram a essas aulas, manifestamente: Raymond Aron, George Bataille, Roger Caillois, George Gurvitch, Jean Hippolyte[38], Pierre Klossowski, Jacques Lacan, Maurice Merleau-Ponty, Raymond Queneau, Jean-Paul Sartre, Jean Wahl e Eric Weil. Focalizando seu comentário sobre a dialética do senhor e do escravo, Kojève tornou a filosofia de Hegel mais próxima da experiência e da condição humanas. De austera e abstrata, a dialética se tornou combate concreto pela liberdade, alternância de angústia e de revolta, potência erótica de dispensa e de abertura ao outro.

Não posso aqui entrar em detalhes das concepções fenomenológicas, existencialistas, psicanalíticas ou literárias que, a título de uma coisa ou de outra, se alimentaram de Hegel. Mas, considerando-as em seu conjunto, poder-se-ia dizer que elas vêm *acrescentar* à tensão entre o *espírito absoluto* e o *espírito objetivo*, entre "idealismo" e "historicismo", uma *nova oscilação*, desta vez entre o *espírito subjetivo* e o *espírito objetivo*. Do lado do espírito subjetivo, há, por exemplo, a importância dada pelos existencialistas franceses à dialética do *desejo* e da falta, enquanto o espírito objetivo acentua as *necessidades* imediatas (como na concepção marxista). Assim, nasce uma estranha simetria entre a *necessidade*, que se relaciona sempre com um objeto *imediato*, e o *desejo*, que só vale pela *mediação* da falta, da ausência, da negação. Em certo

---

38. Hyppolite foi o autor da primeira tradução francesa da *Fenomenologia do espírito* e de um seminário dado na École des Hautes Études, e depois no Collège de France, resumido em *Gênese e estrutura da Fenomenologia do espírito de Hegel* (São Paulo, Discurso Editorial, 1999). Hoje duas outras traduções francesas da *Fenomenologia* estão igualmente disponíveis, a de Jean-Pierre Lefebvre (Aubier, 1991) e a de G. Jarczyk e P.-J. Labarrière (Gallimard, 1993).

sentido, uma grande parte da filosofia do século XX não deixou de oscilar entre *necessidade* e *desejo*. Necessidade de apreender a realidade das coisas, e desejo de assumir, de reivindicar o fracasso dessa empresa (que se vejam, por exemplo, as tentativas anglo-saxãs de reconstrução analítica e a propensão continental pela desconstrução niilista). Hegel diria que a filosofia oscila entre a certeza do saber e o temor da verdade. Não é certo, aliás, que essa oscilação pertença propriamente à filosofia. Cada um dentre nós, diria o psicanalista Lacan, oscila entre o Imaginário e o Real, entre a existência sonhada da criança e o desejo impossível pela mãe, entre o fantasma de dominação e a dor da falta.

Para Hegel, essa tensão se torna um *mau infinito* quando ela se põe como *devendo ser suprimida, anulada*. O problema não é tomar partido por um ou por outro lado, pelo "objetivo" ou pelo "subjetivo", mas *pretender*, *exigir* resolver tudo a partir disso. A filosofia de Hegel nos ensina a nos distanciar de, a colocar fora de nós (ou *para-si*) esse processo da *pretensão* ou da *exigência*. Mas, então, é preciso perceber que o fato mesmo de se distanciar da exigência implica que *não se pode em caso algum substituí-la por uma nova exigência*, que consistiria, por exemplo, em proclamar a preeminência da Religião, da História e até da Negatividade (Lacan diria a preeminência do Outro, do significante ou do Pai).[39] A operação do *para-si*, a "negação infinita" ou "absoluta", *não pode, portanto, ser considerada como um novo "fundamento", embora ela atue em toda a "realidade"*. Tentei descrever, na primeira

---

39. Mas justamente Lacan recusaria falar em preeminência, na medida em que o significante, por sua *materialidade*, não oferece nenhuma possibilidade de sobrevôo, nenhuma possibilidade de "metalinguagem". Nesse sentido, seu pensamento é, talvez, um dos mais "autenticamente" hegelianos (cf. Slavov Žižek, *O mais sublime dos histéricos: Hegel com Lacan*, trad. Vera Ribeiro, Rio de Janeiro, Jorge Zahar Editor, 1991).

parte, os aspectos lógicos e metodológicos dessa nova maneira de ver. Poderíamos compará-la à mudança de perspectiva que se operou lentamente, ao longo do século XIX, no domínio das matemáticas, à medida que se passava de um modelo centrado na *análise* para um modelo centrado na *álgebra*. Passagem da análise das propriedades particulares dos *objetos* matemáticos para o estudo algébrico das propriedades globais de *transformações*. Seguindo essa passagem, não se *exige* mais que se resolva analiticamente um problema, que se localizem suas soluções; descobre-se que a estrutura mesma desse problema traduz a estrutura da "realidade". Não se trata mais, portanto, de *suprimir uma diferença*, mas de *estender* a um campo mais vasto o *regime de negatividade* próprio a essa diferença.[40]

Desse ponto de vista, a descoberta da impossibilidade de satisfazer uma exigência pode se tornar a condição positiva da construção de si...

---

40. Ver, neste livro, p. 35 e 37, notas 15 e 18.

Bibliografia

Edições completas das obras de Hegel

Werke, vollständige Ausgabe durch einen Verein von Freunden des Verewigten: L. Boumann, F. Förster, E. Gans, K. Hegel, L. Henning, H. G. Hotho, P. Marheineke, K. L. Michelet, K. Rosenkranz, J. Schulze, I-XVIII. Berlim: Duncker & Humbolt, 1832-45, 2. ed. 1840-47.

Sämtliche Werke. Jubiläumausgabe in zwanzig Bänden, H. Glockner. Stuttgart: Frommann Verlag, I-XXVI, 1964-71.

Sämtliche Werke, G. Lasson. Leipzig: Meiner, I-XXI, 1911-38.

Sämtliche Werke. Neue kritische Ausgabe, J. Hoffmeister. Hamburgo: Meiner, 1952- (edição em andamento, 32 volumes previstos).

Gesammelte Werke, Rheinisch-Westfälischen Akademie der Wissenschaft. Hamburgo: Meiner, 1968- (edição em andamento, quarenta volumes previstos).

Traduções para o português das obras de Hegel

Como o senso comum compreende a filosofia. Apres. Jean-Marie Lardic. Trad. Eloisa Araújo Ribeiro. São Paulo: Paz e Terra, 1995.

Curso de estética: o belo na arte. Trad. Orlando Vitorino. São Paulo: Martins Fontes, 1996.

Cursos de estética. Trad. M. A. Werle e Oliver Tolle. São Paulo: Edusp, 2000.

Discursos sobre educação. Trad. Maria Ermelinda Trindade Fernandes. Lisboa: Colibri, 1994.

Enciclopédia das ciências filosóficas em compêndio (1830); I. *A ciência da lógica*. II. *A filosofia da natureza* III. *A filosofia do espírito*. Trad. Paulo Meneses, colab. Pe. José Machado. São Paulo: Loyola, 1995.

Enciclopédia das ciências filosóficas. Lisboa: Edições 70, 1988. 3 vol.

Estética. Trad. Álvaro Ribeiro e Orlando Vitorino. Lisboa: Guimarães Editores, 1993.

Fenomenologia do espírito. Trad. (trechos) de Henrique Cláudio de Lima Vaz. São Paulo: Abril Cultural, 1980. (Col. Os Pensadores)

Fenomenologia do espírito. Trad. Paulo Meneses. Petrópolis: Vozes, 1992.

Fenomenologia do espírito: parte II. Trad. Paulo Meneses; colab. José Nogueira Machado. 4. ed. Pedtrópolis: Vozes, 1999.

Filosofia da história. Trad. Maria Rodrigues, Hans Harden. Brasília: Universidade de Brasília, 1995.

Introdução às lições sobre a história da filosofia. Trad. Euclidy Carneiro da Silva. São Paulo: Hemus, 1983.

Introdução às lições sobre história da filosofia. Trad. José Barata Moura. Porto: Porto, 1995.

Introdução às lições sobre história da filosofia. Trad. Antônio Pinto de Carvalho. Coimbra: Armênio Amado, 1980 (editada também na Col. Os Pensadores. São Paulo: Abril, 1980).

Princípios da filosofia do direito ("A sociedade civil burguesa"). Trad. Marcos L. Müller. Campinas: IFCH/Unicamp, 1996.

Princípios da filosofia do direito. Trad. Orlando Vitorino. Lisboa: Guimarães Editores, 1959.

Propedêutica filosófica. Trad. Artur Morão. Lisboa: Edições 70, 1989.

A razão na história: uma introdução geral à filosofia da história. Intr. Robert S. Hartman. São Paulo: Moraes, 1990.

A razão na história: introdução à filosofia da história universal. Trad. Artur Morão. Lisboa: Edições 70, 1995.

O sistema da vida ética. Trad. Artur Morão. Lisboa: Edições 70, 1991.

Textos dialéticos. Trad. Djacir Menezes. Rio de Janeiro: Zahar, 1969.

Alguns estudos em português sobre Hegel

ARANTES, Paulo Eduardo. Hegel, frente e verso. In: *Discurso (São Paulo)*, n. 22, p. 153-65, 1993.

ARANTES, Paulo Eduardo. *Ressentimento da dialética*: dialética e experiência intelectual em Hegel. São Paulo: Paz e Terra, 1996.

ARANTES, Paulo Eduardo. *Hegel*: a ordem do tempo. Trad. e pref. Rubens Rodrigues Torres Filho. São Paulo: Hucitec/Polis, 2000.

ARANTES, Paulo Eduardo. Hegel no espelho do dr. Lacan. In: SAFATLE, Vladimir (Org.). *Um limite tenso*: Lacan entre a filosofia e a psicanálise. São Paulo: Ed. Unesp, 2003. p. 43-74.

ASTRADA, Carlos. *Trabalho e alienação na "Fenomenologia" e nos "Manuscritos"*. Trad. Cid Silveira. Rio de Janeiro: Paz e Terra, 1968.

BOBBIO, Norberto. *Estudos sobre Hegel*: direito, sociedade civil, Estado. Trad. Luiz Sérgio Henriques e Carlos Nelson Coutinho. São Paulo: Brasiliense/Unesp, 1995.

CHATELET, Francois. *Pensamento de Hegel*. 2. ed. Lisboa: Presença, 1985. [Ed. bras.: *Hegel*. Trad. Alda Porto. Rio de Janeiro: J. Zahar, 1995.]

CROCE, Benedetto. *O que é vivo e o que é morto na filosofia de Hegel...* Coimbra: Imprensa da Universidade, 1933.

FAUSTO, Ruy. Dialética marxista, dialética hegeliana: o capital e a lógica de Hegel. In: *Discurso (São Paulo)*, n. 20, p. 41-77, 1993.

GIANNOTTI, José Arthur. A quantificação interior. In: DOMINGUES, I., PINTO, P. R. M., DUARTE, R. (Org.).

Ética, política e cultura. Belo Horizonte: Editora UFMG, 2002. p. 105-17.

HARTMANN, Nicolai. *A filosofia do idealismo alemão*. Trad. José Gonçalves Belo. 2. ed. Lisboa: Fundação Calouste Gulbenkian, 1983.

HONDT, Jacques d'. *Hegel*. Lisboa: Edições 70, 1981.

HYPPOLITE, Jean. *Gênese e estrutura da Fenomenologia do espírito de Hegel*. Pref. Bento Prado Júnior; trad. Sílvio Rosa Filho. São Paulo: Discurso Editorial, 1999.

KOJÈVE, Alexandre. *Introdução à leitura de Hegel*. Trad. Estela dos Santos Abreu. Rio de Janeiro: Contraponto, 2002.

LEFEBVRE, Jean-Pierre, MACHEREY, Pierre. *Hegel e a sociedade*. Trad. Thereza C. F. Stummer e Lygia Watanabe. São Paulo: Discurso Editorial, 1999.

LOSURDO, Domenico. *Hegel, Marx e a tradição liberal*: liberdade, igualdade, Estado. Trad. Carlo Alberto F. N. Dastoli. São Paulo: Ed. Unesp, 1998.

LUKÁCS, Georg. *Ontologia do ser social*: a falsa e a verdadeira ontologia de Hegel. Trad. Carlos Nelson Coutinho. São Paulo: Ciências Humanas, 1979.

MARCUSE, Herbert. *Razão e revolução*: Hegel e o advento da teoria social. Trad. Marília Barroso. 2. ed. Rio de Janeiro: Paz e Terra, 1978.

MARTON, Scarlett. Nietzsche e Hegel, leitores de Heráclito; a propósito de uma sentença de Zaratustra: da superação de si. In: *Discurso (São Paulo)*, n. 21, p. 31-51, 1993.

MENESES, Paulo. *Para ler a* Fenomenologia do espírito. São Paulo: Loyola, 1985.

ROSENFIELD, Denis. *Política e liberdade em Hegel*. São Paulo: Brasiliense, 1983.

ROSENFIELD, Denis. *Introdução ao pensamento político de Hegel*. São Paulo: Ática, 1993.

WEFFORT, Francisco (Org.). *Os clássicos da política*. São Paulo: Ática, 2000. 2 vol.

ŽIŽEK, Slavoj. *O mais sublime dos histéricos*: Hegel com Lacan. Trad. Vera Ribeiro. Rio de Janeiro: J. Zahar, 1991.

ESTE LIVRO FOI COMPOSTO EM SABON
CORPO 10,7 POR 13,5 E IMPRESSO SOBRE
PAPEL OFF-SET 90 g/m² NAS OFICINAS DA
BARTIRA GRÁFICA, SÃO BERNARDO DO
CAMPO-SP, EM MARÇO DE 2005